股票期貨好賺錢

林保全 著

推薦序一 | 群益期貨總經理　李文柱

　　關於金融市場期貨的書籍，雖然多如牛毛，但想找一本比較符合現況台灣期貨市場的書卻是難了。

　　今天有幸看到林保全先生大作，真是如獲至寶，是想學習台灣期貨市場操作的投資者一大佳音啊！

　　當拿起本書翻閱細讀時，心中有一個想法，對！就是它……就是它……台灣期貨市場就差這一本。

　　內容豐富，將期貨選擇權，通過一系列、完整、專業、實戰的陳述，協助讀者容易上手閱讀，並提升讀者對期貨選擇權更進一步認識。尤其對「股票期貨」這商品更是由淺入深。是想學習「股票期貨」商品操作的最佳聖經。

　　林保全先生學經歷豐厚，在金融市場一直領先同儕，不僅在業務上提供熱忱服務　更是客戶眼中的專家。在教授及說明會上　更是一位令人尊敬的老師。尤其在實戰的經驗傳承　更令學員追捧讚賞。

　　本書在手，豐富內容，金融操作，希望無窮！

　　學如逆水行舟不進則退。

　　你不理財，財不理你。

　　閱讀、學習、經驗、傳承，

　　配合本書精彩內容，相信在金融期權操作上，能更加如魚得水。

　　謹以此序，隆重推薦本書。投資順利。

群益期貨總經理　李文柱

推薦序二 | 華南期貨業務副總經理　徐嘉黛

　　期貨市場近年來取得很好的發展，交易也非常熱絡，一些股票與期貨之間的相連性也與日劇增，並衍生出投資期貨市場的需求，因應此一需求，本書作者以深入淺出的方式介紹國內外期貨市場，提供投資者作為分散風險及投資獲利很好的指引。

　　此書的內容精闢：

　　首先，說明投資的必要，以及詳細列舉一般投資人少留意到的關於投資不可不知的祕密，再從投資人的角度分析讓投資人了解為何要投資期貨及相關的衍生性商品。

　　再從各項投資標的商品的介紹，延伸出交易上的操作技巧與風險管理，將相關技巧及關鍵微精細的分享給投資人，此書可以說是一份讓投資人贏在起跑點的工具書。有道是不要讓太多的昨天，佔據你的今天，複製別人走過的投資路與經驗分享，想必是你我的最佳選擇。相信讀者讀完此書再輔以功能的操作工具必定能在期貨市場無往不利。

　　這幾年，台灣的證券期貨業的競爭非常的劇烈，最大的趨勢是各家都致力於發展網路下單和手機行動下單，在致力於網路、手機下單的服務上可以說沒有一家有例外，這樣的發展導致了證券期貨從業人員的數量不斷的下降，而且在素質上無法更為提升，畢竟，以從業人員的所得與收入來看，現在台灣的期貨證券從業人員已沒有過去的薪資水準來留下許多優秀的人材，這真的是非常非常可惜的一件事。

　　但是往好處想，台灣的投資人日後無論是在世界的那一個角

落，只要有網路的地方，都可以透過手機下單進行投資與買賣證券與期貨，這也是台灣人往世界發展的必要一環與必經之路。

　　本書所列舉的特殊的操作方式，都是華南期貨的下單軟體所提供、所擁有的，華南期貨這幾年努力的在各個層面設法去滿足投資人各方面的需求，不論是在下單平台也好、顧問服務也好、風險控管手機下單也好，只要是客戶提出來我們能做到的，華南期貨都第一時間為客戶的需求進行規劃改善，我們努力的為投資人塑造穩定、高速、高效的交易環境，在未來也會不斷的繼續努力改善以提供最佳的交易平台與環境給我們的客戶。

　　林保全業務經理具備多年的業內經驗，他對待客戶非常的用心是業內非常資深與熱心服務的從業人員，他的熱情在現今的期貨業屬於少數中的少數，他的客戶不少，遍及台灣各個地方有些更在海外如中國大陸、東南亞、或是歐美，但是他對每一位客戶都非常的有耐心，常常看到他為了解決客戶的疑問不厭其煩的花上很長的時間解說，當客戶有任何的問題需要公司進行處理時，他都會第一時間找到相關的人員為他的客戶解決，是位不可多得的從業人員，這一點相信他的客戶都十分肯定，在現今從業人員流動率高的情況下，當保全的客戶，相對來說可以享有安定與完整的服務，是證券投資人與期貨投資人不可多得的選擇。

　　恭喜新書的出版，股票與期貨選擇權的投資人有福了！也非常高興能為此書寫推薦序，祝所有的讀者展讀愉快投資順利！！

華南期貨業務副總經理　徐嘉黛

推薦序三｜資深投資人　辰瑞

感謝保全邀請我為他寫推荐序，五年多前，當時台灣期貨交易所剛推出「股票期貨」這種商品，當時他公司辦了一系列的關於「股票期貨」的講座，有非常多場是由保全擔任主講的講師，也就是在那時我成了他的客戶。

第一眼見到保全的感覺是：這個講師感覺個性好溫和，一點都不像從事業務的樣子。這就是我對他的第一印象，保全真的不算是個及格的業務，因為他太為投資人著想了、太老實了，還記得當時聽完幾次他的講座後，決定當他的客戶，談論到下單手續費的問題，當時他開了一個價格給我，並和我說：我給您的價格讓您在成本上不會輸於其他的交易者，其他的就要靠您自己去努力，增加操作的能力，這樣才能在市場上生存並且獲利！！

當時我非常不以為然，心中想：給我不會輸於其他交易人的手續費……誰知道是真是假？！要知道，一口手續費如果差個二十元，對於一個月只下個四、五十口的投資人來說也差個一千多元，一年就是一萬多，更遑論口數更多的話呢？

於是我打了電話一一詢問國內的所有有從事期貨經紀業務的公司，事實証明，在手續費上他給我的的確是非常非常低廉的手續費！！一直到現在四、五年過去了，他當時給我的手續費一樣是很有優勢的，所以，當他的客戶起碼在起跑點上是不輸於其他人，甚至是遠遠的優於其他人的，當保全的客戶真好！！

保全常和我強調，只有客戶好，他才會好，只是很難有時間一一的協助客戶，指導客戶，減少客戶在投資上犯錯誤，所以，我相

信這本書的問世，保全一定是費了許多的精力和時間，書中不只用很淺顯的文字解釋了期貨與選擇權這些一般人比較不了解的商品，也給了投資人一些操作上的建議，更對廣大的股票投資人一個新的方向：作者建議股票的投資人將過去投資「股票」的習慣改成操作「股票期貨」，這樣不只可以享有節稅上的優勢，更享有手續費上的優勢，最重要的是他建議投資人利用「股票期貨」的特性來改變操作的習慣，他教導投資人一個時間不只做一個方向，可以讓投資人的操作更靈活；多空同時並存可以協助投資者逃掉所有投資人的宿命——「突然的大崩盤」！！

　　這本書近千頁之多！！內容之完整，舉例之多，不是一般投資書籍所能超越的！但是讀起來輕鬆一點也不吃力！！！這本書的價格相較市面的投資書籍來說非常便宜！對投資者們來說真的是賺到了！！！相信所有讀過的讀者都有此共鳴。

　　恭喜新書付梓，也建議所有投資人參考書中所建議的操作方法和投資觀念，習慣做股票的投資人趕緊改變操作習慣學習交易「股票期貨」，最重要的是找保全開戶讓您與其他的投資人相較站在非常具有優勢的起跑點上，此外，已經在從事股票、期貨與選擇權交易的投資人也不妨向保全徵詢看看，相信除了股票期貨與選擇權的優惠手續費外保全所提供的服務也是不會讓您失望的，保全非常的資深與熱心需要什麼資訊他都會為你找到並詳細的解答你的疑問！！從事股票期貨想要獲利賺錢選擇那一家證券公司或是期貨公司根本不重要，重要的是選對為你服務的那個人，而保全絕對是你該選擇的，如果要選擇其他人當然也可以，人生好比投資，做了決定就不要後悔，最怕的就是猶猶豫豫再回首已是百年身，這道理同樣適用在此。

很高興見到這本書的問世，也感謝保全邀請我爲其寫序，祝大家透過此書減少錯誤，透過投資有更美好的未來。

辰瑞

前言

　　心中開始想寫一本關於期貨交易方面的書籍是在 2010 年左右時的事，2012 年時一度提起筆來寫，當時設定的書名就是「股票期貨好賺錢」，「股票期貨」是台灣期貨商品的一種，標的是上市的股票，包括台積電股票期貨在內台灣到 2015 年 6 月止有 248 檔股票期貨商品，商品的優勢之一是所需的資金比標的股票少很多！而且相較現股本身所需的手續費也便宜非常多，所以當時一開始想寫書的目的就是宣傳此一商品，但是一直沒有寫成，這是種很奇怪的感覺，靜下心來想這種感覺是源自於求好心切，希望寫出來的書能盡善盡美，寫出來的內容能非常非常的全面，希望能有很多的人看，在這樣的心情之下一耽擱就耽擱了將近五、六年……。

　　在這本書差不多完成時，我把 2012 年時初步寫好的前言拿出來看，裡面寫著當時想寫那本書的三個目的：

　　第一個是提供我的客戶了解股票期貨這個投資商品。

　　第二個是提供我的客戶利用股票期貨的特性賺錢的方法。

　　第三個則是希望讀者看過我對股票期貨的介紹後能加入股票期貨投資者的行列。

　　……在求好心切的心情之下

　　一耽擱、三、四年過去了，當時想寫的書沒出來，當時的那三個目的當然也沒有達成，這就像絕大多數的投資人一樣，一直期待著一個最好的入場時機，但是最後的結果卻是錯過了許許多多的好行情。

　　空想是不會有任何建樹的，一年多前，我稍微改變了自己的心

態，不求盡善盡美、不求充實與全面、不求有人看、更不求寫出來的書有人激賞，很奇怪的，整理出來的內容卻比我一開始所想的豐富的多。

本書的內容在期貨與選擇權的交易規則、商品規格方面是依據期貨交易所的公告資料整理，另外有一些則是參考了華南期貨提供的資訊，以及這些年來自己的心得整理，有些章節非常的短只是過去筆記的一些小小的片斷或是幾張圖表，但都是我認為重要的觀念，只希望這些觀念與想法能讓讀者有些共鳴與啓發，因此每一章節的內容或許不是很有連貫性，如果有讀者對此有所不滿也請多包涵，我已盡力。

在這，請讓我借這本書感謝我的客戶們：

不論從事那種行業那種職務，客戶絕對是衣食父母，更何況是從事經紀業務的我呢？！希望你們在投資領域裡能越來越好！！只有你們越來越好我所有的努力才有意義，讓我們繼續加油！！

也謝謝花時間看這本書的讀者們，雖然我說了，不求有人看、更不求寫出來的書有人激賞，但是沒有一個作者不希望能獲得肯定的。如果看了之後願意來做我的客戶我更是熱烈歡迎，那是對我最大的肯定。

謝謝大家！！

華南期貨業務經理　林保全

目錄

03 | 為什麼要投資期貨？

04 | 期貨

08 | 特殊操作

09 | 操作策略

10 | 風險管理

■學歷不是保障
■投資是一種和學習語言一樣可以進步的技能
■追求安全、富裕、自由

（灰體字部分請見全文本）

OI
爲什麼要投資？

學歷不是保障

2012 年 5 月有一份報導這樣寫著：

受到不景氣影響，美國擁博士學位者領取食物券補助的人數再創新高，來到 3 萬多人，統計從 2007 年到 2010 年之間，領取相關政府補助的博士人數更成長了三倍

另外，美國農業部公布的資料也指出，截至 2012 年二月份全美領取食物券補助的人數已超過 4,600 萬人，相較之下高學歷占其比例雖然不高，但已顛覆過去對高學歷等於高薪的傳統印象。

根據美國城市研究所（Urban Institute）統計結果發現，美國擁有博士學位者，領取食物券不僅突破三萬人，碩士學歷者利用食物券或其他政府補助度日的人數也來到 29 萬人，顯示美國民眾在經濟條件不佳下，連基本餬口都成問題。

研究人員尼可拉斯表示：「*每個人總以為擁有博士學歷就保證擁有高薪，但過去一年來，我常有耳聞，有些沒有任期保障的教授年薪不到二萬美金，這根本不足以養家活口。*」

一名前大學教授、目前自行開設顧問公司的凱爾絲基表示，「未來的人數恐怕還會繼續增加，這對當事人來說，是相當令人難堪的。」

2007 年，擁有博士學位領取美國政府補助的人數為 9776 人，2010 年時，人數增加三倍成為三萬三千多人，碩士學位者也從十萬多人，一下子增加到 29 萬多人，另外，美國勞動統計局的資料也指出，目前全美有 5057 位擁有博士學歷的人擔任工友的職務 。

這雖然是美國的情形但是也反映了這個世代高學歷並不能保証有好的前途，有些高學歷者甚至連溫保都有問題！擁有一份博士的

學歷是遠不如有一份好的技能在身,而「投資」的能力就是一份重要的技能,因為投資是可以學習的,投資的經驗是能累積的。無論現在您做什麼工作,從事什麼行業,立即了解、學習、跨入「投資」這一個領域,都是當務之急,因為越晚進入「投資」的領域,所需付出的機會成本會越來越高,過去我看過一篇報導,內容是一對高科技的工程師夫婦,他們在退休之時有幾千萬的退休金,但是因為不熟悉投資的領域,沒多久這幾千萬就在投資的過程中化為泡影!!「投資」的能力本身就是一種自我投資,越早越好。

投資是一種和學習語言一樣，可以進步的技能

技術線圖在說話！你有聽懂嗎？！

世上有許許多多的技能，語言是最實用的技能之一，世界各地的人都是透過語言來進行交流，多會一種語言就多一份機會，會電腦程式語言的人很容易就可以和電腦溝通，可以請電腦為他處理許多事情、代為工作。

而學習投資和學習語言是有很大的相似之處的，有人把金融投資形容一個雙眼看得到的人被關在一間沒有任何光線的屋子裡，如果這個人在屋子裡亂走，那他可能一不小心的就撞到桌子、或是被放在裡面的椅子絆到，但是一段時間之後，這個人會知道這間屋子裡有什麼東西？他可以很容易的判斷出這間屋子裡的各個東西處在什麼位置，即使這是一間沒有任何光線的屋子，就算他依然看不到任何東西！！

學習投資，就像處在沒有任何光線的屋子裡的人一樣：即使一開始會跌跌撞撞的，可能會被屋子裡的椅子絆倒，或頭不小心撞到關上的門……。但是很快的，他會知道口渴了水壺放在那裡，肚子餓了在那裡有吃的。

不管什麼樣的東西，知識也好，技能也好。

去學、去熟練，所要花的時間跟心力都不會差太多的，你可以去學一個離開職場就用不到的能力，也可以去學一個永遠可以讓錢幫你賺錢的能力。

老實說……有趣就好……沒什麼好壞的。

只不過，萬一有趣變無聊的工作……還不能離開！那就真的是

無奈了。

　　更慘的是，當興趣變成了工作，而有一天又失業了，那就真是悲劇了。

　　學習投資，就是去學一個永遠可以讓錢幫你賺錢的能力。

　　也許有人會問了，學習投資和學習語言怎麼會一樣？！

　　當然一樣了，看看技術指標吧！價格的變化無時無刻不在透露著他想表現的訊息，只是有人看得懂而有人看不懂而已。

（灰體字部分請見全文本）

02
投資不可不知的幾點

「做多」好還「放空」好？

「做多」好還是「放空」好？最重要的當然是要看方向是不是有做對，但是從下表中（連續上漲與連續下跌的比較）我們可以很明確的看出來，如果是「做空」獲利是不斷的下降；而「做多」如果方向正確獲利的成長是非常非常大的。

連續上漲與連續下跌的比較（以漲跌幅 7%觀察）				
連續下跌差	下跌 7%		上漲 7%	連續上漲差
7	93	100	107	7
6.51	86.49		114.49	7.49
6.0543	80.4357		122.5043	8.0143
5.630499	74.8052		131.0796	8.575301
5.2363641	69.56884		140.2552	9.1755721
4.8698186	64.69902		150.073	9.8178621
4.5289313	60.17009		160.5781	10.505112
4.2119061	55.95818		171.8186	11.24047
3.9170727	52.04111		183.8459	12.027303
3.6428776	48.39823		196.7151	12.869214
3.3878762	45.01035		210.4852	13.77006
3.1507248	41.85963		225.2192	14.733964
2.9301741	38.92946		240.9845	15.765341
2.7250619	36.20439		257.8534	16.868915

連續下跌差	下跌 7%		上漲 7%	連續上漲差
2.5343076	33.67009		275.9032	18.049739
2.356906	31.31318		295.2164	19.313221
2.1919226	29.12126		315.8815	20.665146

　　這也是一般投資人喜歡「做多」的原因，而遇到「做空」的機會時往往下不了手，畢竟，「做空」的情況下行情如果往多頭方向走，那虧損是不斷不斷的往上跳升。

　　出色的投機客傑西・李佛摩說過：有時候要作多，有時候要放空，有時該去釣魚。

賺了錢請記得要多消費

我們所處的世界之所以會進步，是因為有許多企業家去努力的發現消費者的需要，不斷的去改進產品、服務，在這段過程中所有的人類也都因此而受益，而企業的股票之所以賺錢也是因為許多人去消費改進的產品和服務，企業從中獲得了報酬之後在股價上產生了股票上漲的表現。

所有提升的力量皆來自於消費，所以當一個人在投資的過程中賺了錢，一定要記得用消費來回饋這個社會，才能形成良好的經濟循環。

賺的是波動

什麼才是賺到錢？

試想以下情況：

如果有一個指數你買在 4500 點，等六年的時間最高時漲到 12000 點，你沒賣，他回到 4500 點，這算賺到錢嗎？不算，對吧！？

但如果你買在 4500 點，在指數往 12000 點走的過程中你曾在 6000 點賣出回到五千點的時間買進，雖然最後的結果也是回到 4500 點，這算賺到嗎？這很明顯的，是有賺到，賺了多少？1000 點。

所以，投資不在於你持有了多久，而是你在這段過程中，你如何的買進賣出。

期貨的投資者中，厲害的人和不厲害的人差別就在於，在相同的時間內，同樣的行情中，可以來回操作多少趟！！就像指數從 4500 點漲到 12000 點再回到 4500 點，平庸的投資人了不起買在 4500 點賣在 12000 點，賺 7500 點，厲害的投資人可能在這段過程中，買在 4500 點賣在 6500 點又買在 5800 點賣在 7500 點買在 6500 點賣在 8500 點買在 7000 點賣在 10000 點買在 8000 點賣在 12000 點再買在 6000 點賣在 8000 點買在 4500 點……在這段過程中賺了 14700 點。更厲害的人賺的遠遠不只 14700 點，可能是 14700 點的五倍、十倍、百倍……。

賺的是什麼？就是波動。

報酬是勇氣與判斷力的結果

有膽有識是成功投資者的共同性。

膽就是勇氣，識就是判斷力，投資者想在投資上有所成就這兩者缺一不可，這世界上事後諸葛的人太多，每一個人回頭去看過去所發生的事情都會說一句：「正如我所預料的⋯。」但是在事情正在進行的當下，太少人能有那個勇氣把籌碼放上賭桌，即使只有買或是賣兩種選擇，即使行情非常非常的明確，但絕大多數的人都是看著行情走向自己所預期的方向，卻不做動作⋯⋯。

更讓人無法置信的是許多人甚至進行與大行情相反的操作！！因為抱持著僥倖的心理，覺得行情已經走了一段非常長的時間了，也該到了反轉的時刻了⋯⋯！！

有正確的判斷力卻沒有勇氣去執行，再好的行情對投資者而言也只是鏡花水月，

有勇氣卻沒有判斷力，絕佳的行情對投資者而言絕對是一場畢生難忘的惡夢。

膽與識，勇氣與判斷力在投資的過程中缺一不可。

不論對或錯過去的就過去了，平倉之後是新的開始

　　勝不驕、敗不餒，在最終的輸贏還沒定前，一切都有可能，不要讓過去的錯誤妨礙自己的腳步，也不要陷於過去的成功而忘了形勢是不斷的在變化。

　　時間這個東西是一過就不會回來的，過去的成績真的只是過去的成績，過去的表現很好那也是過去了，之前的操作令人沮喪那也是過去了，在情緒上千萬不要受到過去的影響，守好你的內心才能抬頭正視撲面而來的未來。

　　但是有一點很重要，過去的經歷你必需有所檢討，不論輸贏都是，如果操作不好你必須確實的了解是什麼因素導致不好的操作結果，同樣的如果操作績效良好，亦必須確實的清楚原因在那裡，每個操盤者都有經歷但不見得每個操盤者都有經驗，經驗是必須通過學習與內化的過程。

　　優秀的操盤者都會對自己的操作狀況進行整理讓經歷成為經驗，日積月累之後，判斷上的盲點、操作上的弱點自然就越來越少，在投資上的勝率自然會提升，最後獲得豐碩的果實。

■期貨與選擇權操作不需要很多的錢
■點滑鼠就能進行買賣
■可以做上漲的行情，也可以做下跌的行情
■期貨與選擇權的操作方式多元
■槓桿的放大效果使資金的運用更有效率
■槓桿高，降低不必要的沉沒成本【資金的使用效率高】
■只有期貨可以在大漲的行情中不斷加碼
■交易成本低【指數型期貨與基金相比較】
■進出快速、成交速度快
■盤中獲利保証金可馬上轉到自己的銀行戶頭
■交易成本低【股票期貨與股票手續費的比較】
■期貨交易可以用停損單控管風險
■標的單純
■將海外所得轉換成國內所得

（灰體字部分請見全文本）

O3 爲什麼要投資期貨？

期貨與選擇權操作不需要很多錢

　　一般人對期貨與選擇權操作的錯誤認知中，其中一項就是「買賣期貨與選擇權要花很多錢！！」這是個錯誤的觀念，買賣期貨由於只要保証金所以所需的資金其實不多，一般來說有些期貨商品新台幣二到三萬就可以進行操作了。如果是選擇權的話如果是價外的選擇權所需要的保証金就更低了，而如果做選擇權買方的話，由於只要付出權利金，有時所需的金額甚至不到新台幣一百元！！

　　不信可以看下面的例子：

　　2014 年 09 月 30 日近月台指期開盤價 8961 最高價 9021 最低價 8871 收盤價 8991，最高最低差 50 點。

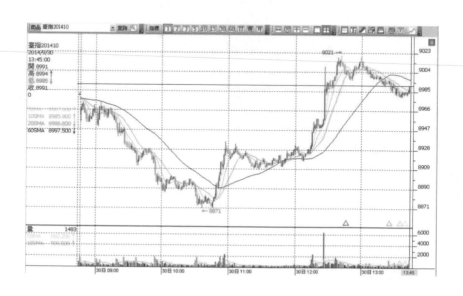

　一週到期選擇 9000 點的 Call 開盤是 13 收盤是 14，最低是 1.9
最高是 28.5

　選擇權一點是 50 元，所以 1.9 點就是 95 元！！新台幣一百元
都不到！！

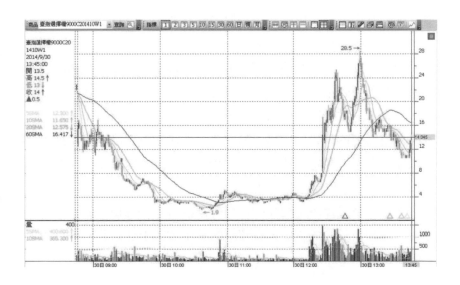

33

點滑鼠就能進行買賣

期貨市場上商品的價格變化隨時在進行，投資人只要有些許的資金就可以在網路上進行買賣與交易，要知道在做生意時最讓人感到苦惱的其中一件事就是找尋相對的交易者，因爲期交所的存在，在進行買賣的過程中投資人完全不用擔心找不到相對交易者，因爲每一個投資期貨的人都會在交易平台上進行交易，即使是再冷門的商品，在需要時都可以找造市者報價買賣。

投資者只要看商品的報價是否是自己滿意的就可以了，看到滿意的價格需要的只是在價格上點擊滑鼠然後按下買進或賣出即可，如果在軟體上有閃電下單的功能，設定下單時不需跳出確認視窗那連按下「買進」的按扭都不用！

而且期貨是保証金交易的市場，當投資者的部位（頭寸）平倉之後，獲利可隨時的提領，在資金的利用效率上遠不是其他投資工具所能比較的。

可以做上漲的行情（做多），也可以做下跌的行情（做空）

　　上漲和下跌是市場的常態，如果投資一個商品，只能選擇在他上漲的時候獲利，這樣的商品，或是投資工具是不完整的。

　　當然，大部分的投資商品，不論是股票、農產品、金屬、原油、還是房地產，種種商品，大部分的時候都是往上走（上漲）的型態，但是不論是漲到那裡最後都有一個下跌的過程，以股票來說最後更可能會面臨下市。如果投資人只會做上漲的行情而無法做下跌的行情，無形之中就會失去許多機會，更可怕的是投資人一但只習慣做上漲的行情，當面臨下跌時通常他的習慣性操作方式就只會是等待他再次上漲，而往往這就是好幾年的時間，甚至是永遠不會到來。

　　所以，完整的投資商品應該是可讓投資人自由做多或是做空，而且在操作上難度相同，多空方向的操作上沒有門檻這才是對投資人有利的投資商品與投資工具。

槓桿的放大效果使資金的運用更有效率

　　以股票為例，如果一張 10 元的股票投資人看好會在一個星期的時間內漲到 11 元，但目前因為資金的關係，只能買 10 張，如果這個投資人把資金拿去買該檔股票的股票期貨在僅需 13.5%的資金條件下可以買到將近 70 張的規模，也就是原本只能買 10 張獲利一萬元變成可以獲利 7 萬元。

　　此外，由於「無法進行」使用的資金減少，相對的可以在市場上進行原本資金不足時許多交易策略和買賣模式，比如買強空弱、同時買進一籃子股票期貨，用股票期貨對現貨進行避險……衍生出許許多多的操作方式。

槓桿高，降低不必要的沉沒成本
（資金的使用效率高）

　　有一天，一位朋友打電話問我股票期貨的事，他第一個先問我，股票期貨的保証金計算方式，再問我什麼情況下要補保証金，在問完後他問說：是不是這樣子，假如我今天非常看好一檔股票，價格是 50 元，一口的契約總值就是 50x2000，也就是十萬，但是這支股票在我的判斷中是不可能跌到一半也就是五萬而且有可能漲到 100 元也就是二十萬，如果今天我只有十萬元台幣我買進二口，當他漲到 100 元的時候我就賺二十萬，但是我今天不用股票期貨的話因為只有十萬元，我就只能買二張，當他漲到 100 元時我最多也只有賺十萬？

　　是的，就是這樣！！

　　這位客戶指的就是當我們知道一個投資標地的最低價格時，投資人投入的資金必須包含這個投資標地在最低價格時的金額，這一部分所占的資金其實是沒必要的，這部分的資金可以拿去定存或是其他的投資，這就是資金在使用上的效率問題。

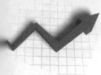

只有期貨才可以在大漲的行情中不斷加碼

　　由於（股票）期貨盤中獲利保証金可馬上提出來使用或是進行加碼，當投資人持有多單部位而行情又不斷的往上時投資人可以不斷的將獲利轉成新的部位。

　　一般投資者只能就他現有的資金進行投資操作，就算是他投資的標的不斷的增值但是要增加投資標的的額度卻是不容易的，除非向銀行或是其他管道借錢來投入，比如說股票的投資人用一百萬買一百張 10 元的 A 股票，一個月後這支 A 股票漲到 20 元表示這位投資人在 A 股票上已賺了一百萬，但是他依然只有一百張，如果這位投資人買的是股票期貨，依照股票期貨一口只需要 13.5% 的資金的規則這位投資人一開始只需要 1350 元就可每一張的額度，135000 元就相當於一百張的額度，一百張 10 元的 A 股票漲到 20 則此投資人的期貨帳戶保証金和一開始相比就多了一百萬，而此時股價為 20 元的 A 股票的股票期貨只需要 2700 元就可擁有一張的額度，一百張就是 270000，此時多出來的保証金就有 730000 的可下單餘額，730000 可每多少的股票期貨呢？我們用 730000 除以 2700 就是 270，也就是 270 張，投資人在股價 20 元時可以擁有 370 張的 A 股票額度！！如果不用股票期貨去操作，從 10 元到 20 元或是更高的價格，都只能有 100 張現股而已。

交易成本低（指數型股票期貨與基金相比較）

　　購買基金所收取的費用大約有：申購手續費、信託管理費（基金公司不收）、轉換手續費、買回費用（基金公司無），收取的名目繁多，而且都不便宜。

　　基金的購買來源主要分成基金公司和銀行兩部分

　　由下表可明顯看出，銀行雖然提供較多的選擇，但除了申購時需付手續費用外，轉換或買回時，也有可能向投資人額外收取費用；投信雖然產品較少，但具有專業服務及費率的優勢

項目	基金公司	銀行
手續費收取最低限制	無，依申購金額收取固定費率，例如每月投資 3,000 元，手續費視網路或實體申購而不同，為 0.6%～1.5%不等	視各銀行規定，例如有的銀行規定每筆手續費最低 50 元，也就是說，即使每月投資 3,000 元，仍收取手續費 50 元
申購手續費	海外基金：股票型/平衡型 3%，債券型 1.5% 國內基金：股票型/平衡型 1.5%～3%，債券型 0.8%～2%	海外基金：股票型/平衡型 3%，債券型 1.5% 國內基金：股票型/平衡型 1.5%～3%，債券型 0.8%～2%
信託管理費	不收取	大部分銀行贖回時自贖回款中扣收，費率視各家銀行而定，年費率約 0.2%左右，也有銀行採定期結算的方式收取
轉換手續費	視各家基金公司而定，費率一般不超過 0.5%，自轉申購款項內扣，不須另行支付	轉換時外收，費用視各家銀行而定，外幣計價海外基金每筆轉換費 500 元，再加上基金公司規定計收之費用（一般不超過 0.5%）
買回費用	無	視各家銀行而定，部分銀行每筆最低收取 50 元

基金的申購手續費是基金價值的一定比率，而期貨則單純得多，期貨手續費是以「口」來計算的，也就是說同一個期貨商品不論你所買入/賣出的期貨合約價值是三十萬還是一百萬，收取的費用都是一樣，如果我們拿較能代表美國經濟的小道瓊來說好了，如果小道瓊指數到 17770 點，他的合約價值是一點乘以 5 美元就是 88850 美元（大約是 266 萬台幣），如果你是買代表小道瓊的基金，照一般在台灣買海外基金的申購手續費是 3%那光是手續費就要八萬台幣以上！！但如果你是交易小道瓊那付出的手續費一般來說不會超過台幣二千元。

進出快速、成交速度快

台灣證券交易所為提升交易效能並與國際制度接軌，並使證券商及投資人漸次適應資訊揭示頻率，市場參與者有較充裕時間因應及調整，規劃分 3 次縮短盤中集合競價撮合循環秒數：

1. 102 年 7 月 1 日將盤中集合競價撮合循環秒數由 20 秒縮短至 15 秒。
2. 103 年 2 月 24 日將盤中集合競價撮合循環秒數縮短至 10 秒。另「發行量加權股價指數系列」、「成交及委託統計資訊」及與富時公司、銳聯公司合編之「臺灣指數系列」揭露頻率亦將配合由現行 15 秒調整至 10 秒。
3. 103 年下半年將盤中集合競價撮合循環秒數縮短至 5 秒，前項指數、成交及委託統計資訊之揭示頻率小調整至 5 秒。

而台灣期貨交易所，在持續不斷改善交易相關係統下，目前撮合速度已達微秒級之國際水準，為滿足市場對即時行情資訊揭示之需求，期交所調整行情資訊揭示時間間隔，自原 250 毫秒揭示 1 次縮短至 125 毫秒揭示 1 次（即由每秒揭示 4 次改為每秒揭示 8 次），大幅降低成交回報價格與行情揭示價格速度的落差，提供市場更即時的市場行情，讓交易人能夠更清楚掌握即時交易資訊並增加交易機會。（一毫秒為 1/1000 秒）

交易成本低（股票期貨與股票手續費的比較）

依據臺灣期貨交易所的公開資料，股票期貨一口的手續費假設以 50 元來計算，我們比較下運用股票期貨和現貨、信用交易的成本差別。

股票期貨和現貨很大的不同就在於手續費的計算方式，股票期貨的單位是以口來計算，而股票現貨是以張來計算，一口股票期貨相當於二張股票。

這樣的衡量方式衍生在手續費的計算上，就產生了很大的不同。

股票價格	二張的價值	股票買賣的手續費0.1425%	股票賣出時課徵交易稅千分之3	股票買賣手續費加上課徵的交易稅總額	股票期貨所收稅期交稅為十萬分之2	股票期貨每口手續費50，買賣來回是100	股票期貨買賣成本加總	交易成本省
10	20000	57	60	117	0.8	100	100.8	16.2
11	22000	62.7	66	128.7	0.88	100	100.88	27.82
12	24000	68.4	72	140.4	0.96	100	100.96	39.44
13	26000	74.1	78	152.1	1.04	100	101.04	51.06
14	28000	79.8	84	163.8	1.12	100	101.12	62.68
15	30000	85.5	90	175.5	1.2	100	101.2	74.3
16	32000	91.2	96	187.2	1.28	100	101.28	85.92
17	34000	96.9	102	198.9	1.36	100	101.36	97.54
18	36000	102.6	108	210.6	1.44	100	101.44	109.16
19	38000	108.3	114	222.3	1.52	100	101.52	120.78

股票價格	二張的價值	股票買賣的手續費0.1425%	股票賣出時課徵交易稅千分之3	股票買賣手續費加上課徵的交易稅總額	股票期貨所收期交稅爲十萬分之2	股票期貨每口手續費50，買賣來回是100	股票期貨買賣成本加總	交易成本省
20	40000	114	120	234	1.6	100	101.6	132.4
21	42000	119.7	126	245.7	1.68	100	101.68	144.02
22	44000	125.4	132	257.4	1.76	100	101.76	155.64
23	46000	131.1	138	269.1	1.84	100	101.84	167.26
24	48000	136.8	144	280.8	1.92	100	101.92	178.88
25	50000	142.5	150	292.5	2	100	102	190.5
26	52000	148.2	156	304.2	2.08	100	102.08	202.12
27	54000	153.9	162	315.9	2.16	100	102.16	213.74
28	56000	159.6	168	327.6	2.24	100	102.24	225.36
29	58000	165.3	174	339.3	2.32	100	102.32	236.98
30	60000	171	180	351	2.4	100	102.4	248.6
31	62000	176.7	186	362.7	2.48	100	102.48	260.22
32	64000	182.4	192	374.4	2.56	100	102.56	271.84
33	66000	188.1	198	386.1	2.64	100	102.64	283.46
34	68000	193.8	204	397.8	2.72	100	102.72	295.08
35	70000	199.5	210	409.5	2.8	100	102.8	306.7
36	72000	205.2	216	421.2	2.88	100	102.88	318.32
37	74000	210.9	222	432.9	2.96	100	102.96	329.94
38	76000	216.6	228	444.6	3.04	100	103.04	341.56
39	78000	222.3	234	456.3	3.12	100	103.12	353.18
40	80000	228	240	468	3.2	100	103.2	364.8

期貨交易可以用停損單控管風險

在期貨市場中最常使用的風險管理工具為限價單 Limit Order 和停損單 Stop Loss Order。

限價單設立了最大的付出價格或最小收入價格。

為了要限制投資人帳戶中可能因為市場波動造成潛在損失，停損單確保了特定部位會自動在預先設立的價位下平倉。

在期貨市場中的波動性讓限價單和停損單可以很容易來執行。

（灰體字部分請見全文本）

04

期貨

期貨的發展與演進

期貨發展的演進=為什麼會有期貨合約？

期貨的產生是一個很自然而然的發展過程，簡單的說他的產生來自於需求的壓力，人類自古以來就有一個永遠必需面對的問題，這個問題就是「穀賤傷農、穀貴傷民」！如何在價格上找到一個平衡點呢？為了處理這個供給者和需求者的問題就產生了期貨。

如何克服價格上漲對需求者不利，價格下跌對供給者不利的狀況？

其中一個問題的解決辦法是這樣：

我們以玉米為例子，有兩個人分別是玉米的生產者和需求者，他們在未來的某一天想要交易十單位的玉米，而且雙方都希望能用220的價格確實的履約。

要達到這個目的他們可以這樣做：

供給者可以和需求者立下一個約定，在未來的某一天，賣出十單位的玉米，價格是 220 元給需求者，透過這個約定不管未來價格如何變化，供給者可以用 220 的價格賣出十單位玉米，而生產者可以用 220 的價格取得十單位的玉米。

這裡所說的約定，被稱做「遠期契約」

「遠期契約」是可以解決雙方供給和需求的問題，但是問題又來了，遠期契約在大多數情況下可能只適合特定的雙方，從上面的例子來看，必須交易雙方都能提供十單位玉米，如果有一方提供不了，或是需求量沒那麼多，要怎麼辦？

當然我們可以說雙方可以去找其他可以配合的交易者，但是問

題沒這麼簡單的，要找到交易者而且是剛好合適的交易者沒那麼的容易，而且即使找到了，相對應的交易者是否會誠實的履約這又是一個問題，不然時間到了，供給方提供不出需求者需要的玉米！或是時間到了，需求者不需要當初約定好需要的數量！這就會產生很大很大的糾紛。遠期契約的交易雙方風險和不確定性非常的大！！

　　交易所的出現讓玉米的生產者和需求者間的交易可以這樣的進行，玉米的供給者與交易所定下一個契約，在未來約定好的某一天，賣出十單位的玉米給交易所，價格是 220，而玉米的需求者和交易所定下一個契約，在未來的同一天買入十單位的玉米給交易所，價格是 220。

　　交易所負責雙方的履約責任，保護供給者和需求者的權益。雙方有問題，直接針對交易所，而交易所為了維護他的信譽，必然會負責到底，提供出相對應的玉米數量進行交割（實物交割），或是用金錢的方式予以補償。

　　而且為了方便許許多多的供給者和需求者，這裡的契約必須要「標準化」，至少要明定每一個合約是多少單位（重量、大小、體積……等等）？標的資產的交割等級？在那裡交割？什麼時間交割（……通知日或是到期日）？

　　這裡所指的交易所就是期貨交易所了，而與交易所定的契約就是「期貨合約」了！

　　所以，**期貨的產生源自於避險！！**

　　期貨合約是一種介於買方與賣方間確定的合約式協定，根據這項協定雙方將在未來的特定日期內買賣特定資產。

　　合約的價格隨市場變動，但當交易完成後，該合約的價格就固定住了（針對避險的雙方）。這種合約具有標準化的規格，交易雙方

都知道彼此的交易內容。

　　這就是期貨了！

　　如果沒標準化？就是遠期合約了。

	期貨契約	遠期契約
交易場所	交易所	買賣雙方約定
契約制定	交易所制定之標準化契約	由買賣雙方商議契約內容
結算方式	每日結算以調整保證金，以求降低履約風險	在履約前不需再支付任何金額，履約風險買賣雙方自負
交易成本	較低	需支付仲介者費用，成本較高
履約方式	多採平倉方式	多為實物交割
契約流動性	佳	差

　　所以「期貨」可以這麼說：

　　未來的商品

　　標準化的遠期合約

　　在交易所交易

　　公開喊價、且價格公開

　　由清算所建立的保證金體系

　　那些是標準化的？

　　合約的大小

　　標的資產的交割等級

　　交割地點

契約的實例：玉米

商品	玉米
代號	C
合約規格	5,000 蒲式耳
最小跳動點	1／4￠（0.25 美分）
最小跳動值	12.50 美元
主要交易月份	3、5、7、9、12
每日停板限制	20￠（20/0.25＝$1,000）
第一通知日	交易月份前一個月的最後一個營業日
最後交易日	交易月份的第 15 天的前一個營業日
人工交易時間	22:30 ～ 次日 02:15
電子交易時間	07:30 ～ 19:00 22:30 ～ 次日 02:15
交割方式	實物交割

　　期貨合約中唯一未標準化的是**價格**，每一個交易者都可以以自己心中覺得合適的價格進行買賣，但只有買方和賣方提出價格相同者才能成交。

　　透過交易所的「期貨」買賣供給者和需求者的權益都得到了保障，但交易所的風險如何保障呢？如果供給者和需求者到期不履約怎麼辦？期交所的應對方法是每日結算調整保證金來降低交易者的

履約風險。

什麼是保證金？保證金為什麼能降低履約風險？

在「遠期合約」中價格是供給者和需求者共同訂定的，但當有交易所居間擔任供需間的媒介時成交的價格就要看市場的狀況了，既然價格是市場來決定的，就產生了一個狀況，如果價格的變化對某一方不利，那某一方也有可能不履約，只是不履約的對象從「遠期契約」時的相對方，變成「期貨契約」時的交易所，交易所為了要避免客戶不履約或是減少客戶不履約的風險，就對客戶收取一定程度的保證金，保證金的金額是商品價格的一定比例，這個比例的多寡就是所謂的「槓桿倍數」，例如：某商品的期貨契約價值是 10000元，交易者必需放 1000 元在期交所，這 1000 元就是這期貨商品的保証金，槓桿倍數就是 10 倍。

而且客戶在交易所留存的保證金金額會隨著商品價格的變化而進行調整並規定當客戶的証金低於原始保證金的一定比例後要進行補足，當低於一定比例時要進行砍倉（將部位予以平倉），比如一口原始保證金要求是 10 萬元，客戶的帳戶裡剛好有保證金 10 萬元，維持保証金是原始保證金的 75%而低於原始保證金 25%就要砍倉，如客戶的部位有虧損，客戶的帳戶裡保證金下降到 7 萬 5 千元交易所就會提醒客戶補繳保證金到原始以上，也就是要補 2 萬 5 千元，如果客戶沒有補保證金交易所就會在要求的時間點後要求客戶平倉，或者當交易的時段保證金低於原始的 25%也就是低於 2 萬 5 千元就直接將客戶的部位砍倉。

這個調整的過程和結果可以大大的降低交易者不履約的風險。

槓桿倍數：

合約價值除以保証金，也代表資金的利用效率（一塊錢當１０塊或是更多錢用！！），以小搏大的程度。

使用槓桿倍數的差異：

合約規格－－玉米

交易所：CBOT

代碼：C

合約單位：5000 英斗（bushe1 蒲式耳 ）

最小跳動點：1/4 美分每英斗

最小跳動值：12.5 美元（5000 英斗 X0.25 美分=1250 美分=12.5 美元）

一大點：50 美元【12.5X4=50 美元】

使用槓桿倍數的差異

不使用槓桿：

2006/08/23　玉米價格 223

223x50=11150 美元（約 36 萬台幣）

2007/02/23　玉米價格 430

430x50=21500 美元（約 70 萬台幣）

六個月報酬率： （70 萬-36 萬）/36 萬=94%

使用槓桿：

2006/08/23　玉米價格 223

223x50=11150 美元（約 36 萬台幣）

原始保証金：1350 美元

11150/1350=8.25　（可投資 8 口）

2007/02/23　玉米價格 430

（430–223）X50X8 口=82800 美元（約 273 萬）

六個月報酬率：（273 萬–36 萬）/36 萬=658%

６５８／９４＝７倍！！

以小台指期為例

大台：一點 200 台幣

小台：一點 50 台幣

不使用槓桿：

2002/10/11 加權指數 3850

3850x50=192500 台幣

2004/03/04 加權指數 7034

7034x50=351700 台幣

報酬率：（351700–192500）/192500=82%

使用槓桿：

2002/10/11 加權指數 3850

3850x50=192500 台幣

原始保証金：33000 台幣

192500/33000=5.83 口（投資 5 口）

2004/03/04 加權指數 7034（7034–3850）x50x5=796000

報酬率：（796000）/192500=413%

413／82＝5.03 倍！！

股票期貨好賺錢
選讀本

結論一：期貨的產生源自於避險！！

結論二：期貨
未來的商品
標準化的遠期合約
在交易所交易
公開喊價、且價格公開
由清算所建立的保証金體系
具有槓桿倍數的效用

結論三：槓桿倍數！！
契約價值除以保証金
資金的利用效率
（一塊錢當 10 塊或是更多錢用！！）
以小搏大的程度

股票和期貨都是契約

股票和期貨都是契約，不同的地方在於股票可在股東大會上執行股東權力而且沒有到期日只要公司在契約就在。

期貨則是有時效的契約，時效到期就予以結算或是交割，而且是以現貨的價格來計算決定結算的價格。

選擇權和期貨也是一樣，是有時效性的。

商品	名稱	買價	賣價	成交價	現量	漲跌	漲跌...	最高...	最低...	開盤...	昨收	總量
2303	聯　電	12.85	12.90	12.85	46	▼0.05	-0.39%	13.00	12.80	13.00	12.90	16996
2330	台積電	124.5	125.0	125.0	51	▲0.5	0.40%	125.0	123.5	124.5	124.5	14777
1101	台　泥	46.65	46.70	46.70	1	▼0.6	-1.27%	47.50	46.65	47.50	47.30	5721
2002	中　鋼	26.55	26.60	26.60	83	▲0.4	1.53%	26.65	26.15	26.20	26.20	38994
1000	加　權			9237.03	5451	▲41.86	0.46%	9237.88	9201.91	9211.8	9195.17	4335...
1225	福懋油	27.00	27.05	27.00	1	▲0.55	2.08%	28.00	26.65	28.00	26.45	2126
1201	味　全	38.20	38.25	38.20	6	▲0.55	1.46%	38.25	37.60	37.90	37.65	1165
1203	味　王	23.90	23.95	23.95	6	▲0.1	0.42%	23.95	23.70	23.85	23.85	60
1210	大　成	30.30	30.35	30.30	2	▼0.4	-1.30%	30.70	30.30	30.70	30.70	1965
1216	統　一	53.3	53.5	53.5	5	▲0.1	0.19%	53.6	53.1	53.6	53.4	4519
1218	泰　山	12.90	12.95	12.90	13		0.00%	13.00	12.90	12.90	12.90	401
3149	正　達	30.45	30.50	30.45	4	▲0.25	0.83%	30.80	30.25	30.30	30.20	1087

股票是契約，持有股票可在股東大會上執行股東權力而且沒有到期日只要公司在契約就在。

商品		名稱	買價	賣價	成交價	現量	漲跌	漲跌...	最高...	最低...	開盤...	昨收
DFF	1101台	泥			46.70		▼0.6	-1.27%	47.50	46.65	47.50	47.30
DFF	1101台	泥10	46.25	46.90	46.60	1	▼0.55	-1.17%	47.30	46.60	47.30	47.15
DFF	1101台	泥11	46.40	46.85	47.00	5	▼0.35	-0.74%	47.00	47.00	47.00	
DFF	1101台	泥12	46.15					0.00%				47.45
DFF	1101台	泥03		47.00				0.00%				46.90
DFF	1101台	泥06						0.00%				47.35

　　期貨則是有時效的契約，時效到期就予以結算交割。從上圖我們可以看到有台泥 10 月、11 月、12 月、2015 年 3 月和 2015 年 6 月的股票期貨契約。每一欄都是不同的契約，如果握有台泥 10 月的股票期貨契約多單，要平倉時只能以賣出台泥 10 月的股票期貨契約才能成功平倉。

台灣期交所		臺指選擇權TXO		201409W4		狀態：		☑ 欄位順序對應更動					
臺指 成交價 9237.03 漲跌 ▲ 41.86					臺指10 成交價 9243 漲跌 ▲ 5 買價 9243 賣價 9244								
		買權 Call								賣權 Put			
買價	賣價	成交價	Delta	漲跌	開盤價	履約價	開盤價	漲跌	Delta	成交價	賣價	買價	
187	191	188	93.53	▼5	180	9050	12	▼8.9	-6.46	5.1	5.1	4.8	
142	145	143	85.71	▼5	139	9100	23	▼13.8	-14.28	9.2	9.3	9.2	
101	103	102	73.27	▼10	109	9150	33.5	▼15.5	-26.72	18	18	17.5	
66	67	67	57.02	▼13	80	9200	50	▼18	-42.97	33	33	32.5	
41	41.5	41	39.55	▼13	55	9250	71	▼18	-60.44	87	38	57	
23	23.5	22.5	24.06	▼11.5	30	9300	113	▼17	-75.93	89	89	87	
12	12.5	12	12.68	▼9.5	21	9350	144	▼13	-87.31	128	129	128	
5.7	5.9	5.7	5.75	▼5.8	10	9400	196	▼12	-94.24	173	173	169	
1.9	2.2	2.2	2.23	▼3.6	5.7	9450	214	▼16	-97.76	217	444	101	
1.2	1.4	1.3	0.73	▼3	3.7	9500	291	▲6	-99.26	285	271	265	
0.7	0.8	0.7	0.04	▼0.8	1.2	9600	387	▲2	-99.95	380	550	316	

　　同樣的選擇權也是契約，而且同一履約價又分成買權 Call 和賣權 Put 兩種契約，所以在買賣執行平倉時也是多數初學者最難理解與上手的地方。

　　常有客戶這麼問，我買了一口 9200 的買權（9200C）要平倉是不是要買一口 9200 的賣權（9200P）？！就是不了解 9200 的買權和 9200 的賣權是不同契約緣故，不同的契約怎麼可以互為平倉呢？！

平倉是什麼意思？什麼是平倉？

　　平倉=Close Position，原先買入的就賣出，原先是賣出（沽空）的就買入。

　　《期貨交易操作流程》：

看漲行情→買入《開倉》→ 賣出《平倉》
看跌行情→賣出《開倉》→ 買入《平倉》

　　期貨交易的全過程可以概括為建倉、持倉、平倉或實物交割。建倉也叫開倉，是指交易者新買入或新賣出一定數量的期貨合約。在期貨市場上買入或賣出一份期貨合約相當于簽署了一份遠期交割合約。如果交易者將這份期貨合約保留到最後交易日結束他就必須通過實物交割或現金清算來了結這筆期貨交易。然而，進行實物交割的是少數，大部分投機者和套期保值者一般都在最後交易日結束之前擇機將買入的期貨合約賣出，或將賣出的期貨合約買回。

關於期貨當日沖銷保証金減半交易

　　期貨當日沖銷保証金減半是專門針對台灣指數期貨的規定，但不包括選擇權和股票期貨，這項規定讓喜歡當天進行沖銷交易的投資人可以當前原始保証金一半的保証金進行買賣，也就是說假設投資人原本只有能下一口大台的保証金，在申請期貨當沖保証金減半（一般會寫為當日沖銷交易申請）之後，可下兩口的大台。

　　一般沒交易過期貨的投資人多會誤解「當沖」兩字的意義，以為沒有申請「當沖」就不能「當沖」！……如果以「當沖」兩字來看，是當日沖銷，其實所有的期貨商品買賣都是可以在買進的同時就用市價或限價賣出，或是賣出的同時就可以下單買入將部位予以平倉，所以當日沖銷本來就是期貨商品可以做到的，建議投資人千萬別問您的營業員期貨可不可以當沖，這是沒有意義的詢問，只會顯示投資人本身對期貨交易商品的不了解。

　　當沖保証金減半的好處：

　　可以讓投資人更有效率的使用資金，不論是攤平損失還是掌握行情都更有靈活性。

　　交易人欲申請國內期貨當日沖銷交易，須具備下列條件：

1.開立期貨受託契約滿三個月。

2.最近一年內期貨契約交易成交十筆以上（不含選擇權），其開立期貨受託契約未滿一年者亦同。

3.所從事當日沖銷交易所需保證金額度達新台幣五十萬元或以上者，需提供最近一年之財力證明（所得及各種財產合計達

到所從事當日沖銷交易所需保證金額度之百分之三十，不含期貨交易應有保證金，財力證明證明文件比照信用交易標準）。

對投資人來說要申請期貨當沖保証金減半最大的困難是在第一項規定，如果投資人原本在市場上沒有開過期貨帳戶就只有等待三個月了，而三個月的行情可以非常非常的大，很可能在等待的這三個月投資人就失去獲得更大收益的大好時機。

法源：

依據期貨交易法第六十五條第二項、中華民國期貨業商業同業公會「期貨商受託國內當日沖銷交易自律規則」及台灣期貨交易所「期貨契約當日沖銷交易減收保證金作業說明」等相關規定訂定之。

05
國內期貨

（灰體字部分請見全文本）

股票期貨契約規格

股票期貨合約規格（標的為個股和 ETF）				
交易標的	於臺灣證券交易所上市或櫃買中心上櫃之普通股股票與指數股票型證券投資信託基金或境外指數股票型基金（簡稱 ETF）			
中文簡稱	股票期貨			
英文代碼	各標的證券依序以英文代碼表示			
交易時間	1. 本契約之交易日與臺灣證券交易所交易日相同 2. 交易時間為營業日上午 8:45～下午 1:45 3. 到期月份契約最後交易日之交易時間為上午 8:45 ～ 下午 1:30			
契約單位	2,000 股標的證券（但依規定為契約調整者，不在此限）10000 股標的 ETF			
契約到期 交割月份	自交易當月起連續二個月份，另加上三月、六月、九月、十二月中三個接續的季月，總共有五個月份的契約在市場交易			
每日結算價	每日結算價原則上採當日收盤前 1 分鐘內所有交易之成交量加權平均價，若無成交價時，則依期交所「股票期貨契約交易規則」訂定之			
每日漲跌幅	最大漲跌幅限制為前一營業日結算價上下 10%；標的證券為國外成分證券指數股票型基金或境外指數股票型基金者，最大漲跌幅限制為前一交易日結算價上下 15%（但依規定為契約調整者，另訂定之）			
升降單位	標的證券為個股（升降單位與個股相同）		標的證券為 ETF（升降單位與 ETF 相同）	
	價格未滿 10 元者：	0.01 元	價格未滿 50 元者：	0.01 元
	10 元至未滿 50 元者：	0.05 元	50 元以上者：	0.05 元
	50 元至未滿 100 元者：	0.1 元		
	100 元至未滿 500 元者：	0.5 元		

股票期貨合約規格（標的爲個股和 ETF）			
	500 元至未滿 1000 元者：	1 元	
	1000 元以上者：	5 元	
最後交易日	最後交易日爲各該契約交割月份第三個星期三，其次一營業日爲新契約的開始交易日		
最後結算日	最後結算日同最後交易日		
最後結算價	1.以到期日證券市場當日交易時間收盤前 60 分鐘內標的證券成交價之算術平均價訂之； 2.股票期貨契約到期日遇標的證券停止交易者，其最後結算價之計算，以停止交易日前一營業日之價格替代之。		
交割方式	以現金交割，交易人於最後結算日依最後結算價之差額，以淨額進行現金之交付或收受		

股票和股票期貨的（代碼）對照表

2014/9/18 更新

序號	股票期貨英文代碼	股票期貨標的證券代號	股票期貨中文簡稱	股票期貨標的證券
1	CAF	1303	南亞期貨	南亞塑膠工業（股）公司
2	CBF	2002	中鋼期貨	中國鋼鐵（股）公司
3	CCF	2303	聯電期貨	聯華電子（股）公司
4	CDF	2330	台積電期貨	台灣積體電路製造（股）公司
5	CEF	2881	富邦金期貨	富邦金融控股（股）公司
6	CFF	1301	台塑期貨	台灣塑膠工業（股）公司
7	CGF	2324	仁寶期貨	仁寶電腦工業（股）公司
8	CHF	2409	友達期貨	友達光電（股）公司
9	CJF	2880	華南金期貨	華南金融控股（股）公司
10	CKF	2882	國泰金期貨	國泰金融控股（股）公司
11	CLF	2886	兆豐金期貨	兆豐金融控股（股）公司
12	CMF	2887	台新金期貨	台新金融控股（股）公司
13	CNF	2891	中信金期貨	中國信託金融控股（股）公司
14	CQF	1216	統一期貨	統一企業（股）公司
15	CRF	1402	遠東新期貨	遠東新世紀（股）公司
16	CSF	1605	華新期貨	華新麗華（股）公司
17	CTF	2311	日月光期貨	日月光半導體製造（股）公司

序號	股票期貨英文代碼	股票期貨標的證券代號	股票期貨中文簡稱	股票期貨標的證券
18	CUF	2323	中環期貨	中環股份有限公司
19	CVF	2325	矽品期貨	矽品精密工業（股）公司
20	CXF	2371	大同期貨	大同股份有限公司
21	CZF	2603	長榮期貨	長榮海運（股）公司
22	DAF	2609	陽明期貨	陽明海運（股）公司
23	DCF	2801	彰銀期貨	彰化商業銀行（股）公司
24	DDF	2888	新光金期貨	新光金融控股股份有限公司
25	DEF	2890	永豐金期貨	永豐金融控股（股）公司
26	DFF	1101	台泥期貨	台灣水泥（股）公司
27	DGF	1326	台化期貨	台灣化學纖維（股）公司
28	DHF	2317	鴻海期貨	鴻海精密工業（股）公司
29	DJF	2357	華碩期貨	華碩電腦（股）公司
30	DKF	2382	廣達期貨	廣達電腦（股）公司
31	DLF	2412	中華電期貨	中華電信（股）公司
32	DNF	2884	玉山金期貨	玉山金融控股（股）公司
33	DOF	2885	元大金期貨	元大金融控股（股）公司
34	DPF	2892	第一金期貨	第一金融控股（股）公司
35	DQF	3481	群創期貨	群創光電（股）公司
36	DSF	2353	宏碁期貨	宏碁（股）公司
37	DTF	2384	勝華期貨	勝華科技（股）公司

序號	股票期貨英文代碼	股票期貨標的證券代號	股票期貨中文簡稱	股票期貨標的證券
38	DUF	2448	晶電期貨	晶元光電（股）公司
39	DVF	2454	聯發科期貨	聯發科技（股）公司
40	DWF	2915	潤泰全期貨	潤泰全球（股）公司
41	DXF	3231	緯創期貨	緯創資通（股）公司
42	DYF	1102	亞泥期貨	亞洲水泥（股）公司
43	DZF	1210	大成期貨	大成長城企業（股）公司
44	EAF	1227	佳格期貨	佳格食品（股）公司
45	ECF	1304	台聚期貨	台灣聚合化學品（股）公司
46	EDF	1308	亞聚期貨	亞洲聚合（股）公司
47	EEF	1312	國喬期貨	國喬石油化學（股）公司
48	EFF	1313	聯成期貨	聯成化學科技（股）公司
49	EGF	1314	中石化期貨	中國石油化學工業開發（股）公司
50	EHF	1319	東陽期貨	東陽實業廠（股）公司
51	EIF	1409	新纖期貨	新光合成纖維股份有限公司
52	EKF	1440	南紡期貨	台南紡織（股）公司
53	ELF	1444	力麗期貨	力麗企業（股）公司
54	EMF	1504	東元期貨	東元電機（股）公司
55	ENF	1507	永大期貨	永大機電工業（股）公司
56	EPF	1590	F-亞德期貨	亞德客國際集團

序號	股票期貨英文代碼	股票期貨標的證券代號	股票期貨中文簡稱	股票期貨標的證券
57	ERF	1702	南僑期貨	南僑化學工業（股）公司
58	ESF	1704	榮化期貨	李長榮化學工業（股）公司
59	EUF	1710	東聯期貨	東聯化學（股）公司
60	EVF	1711	永光期貨	臺灣永光化學工業股份有限公司
61	EWF	1714	和桐期貨	和桐化學（股）公司
62	EYF	1718	中纖期貨	中國人造纖維（股）公司
63	EZF	1722	台肥期貨	台灣肥料（股）公司
64	FAF	1723	中碳期貨	中鋼碳素化學（股）公司
65	FBF	2006	東鋼期貨	東和鋼鐵企業（股）公司
66	FFF	2049	上銀期貨	上銀科技（股）公司
67	FGF	2059	川湖期貨	川湖科技（股）公司
68	FHF	2101	南港期貨	南港輪胎（股）公司
69	FIF	2103	台橡期貨	台橡（股）公司
70	FJF	2104	中橡期貨	中國合成橡膠（股）公司
71	FKF	2105	正新期貨	正新橡膠工業（股）公司
72	FLF	2106	建大期貨	建大工業（股）公司
73	FMF	2107	厚生期貨	厚生（股）公司
74	FNF	2201	裕隆期貨	裕隆汽車製造（股）公司
75	FOF	2204	中華期貨	中華汽車工業（股）公司
76	FQF	2301	光寶科期貨	光寶科技（股）公司

序號	股票期貨英文代碼	股票期貨標的證券代號	股票期貨中文簡稱	股票期貨標的證券
77	FRF	2308	台達電期貨	台達電子工業（股）公司
78	FTF	2313	華通期貨	華通電腦（股）公司
79	FVF	2331	精英期貨	精英電腦（股）公司
80	FWF	2332	友訊期貨	友訊科技（股）公司
81	FYF	2340	光磊期貨	光磊科技（股）公司
82	GAF	2347	聯強期貨	聯強國際（股）公司
83	GCF	2354	鴻準期貨	鴻準精密工業（股）公司
84	GEF	2362	藍天期貨	藍天電腦股份有限公司
85	GGF	2374	佳能期貨	佳能企業（股）公司
86	GHF	2376	技嘉期貨	技嘉科技（股）公司
87	GIF	2377	微星期貨	微星科技（股）公司
88	GJF	2379	瑞昱期貨	瑞昱半導體（股）公司
89	GKF	2385	群光期貨	群光電子（股）公司
90	GLF	2392	正崴期貨	正崴精密工業（股）公司
91	GMF	2393	億光期貨	億光電子工業（股）公司
92	GNF	2401	凌陽期貨	凌陽科技（股）公司
93	GOF	2404	漢唐期貨	漢唐集成（股）公司
94	GPF	2406	國碩期貨	國碩科技工業（股）公司
95	GQF	2430	燦坤期貨	燦坤實業（股）公司
96	GRF	2449	京元電期貨	京元電子（股）公司

序號	股票期貨英文代碼	股票期貨標的證券代號	股票期貨中文簡稱	股票期貨標的證券
97	GSF	2450	神腦期貨	神腦國際企業（股）公司
98	GUF	2455	全新期貨	全新光電科技（股）公司
99	GVF	2457	飛宏期貨	飛宏科技（股）公司
100	GWF	2458	義隆期貨	義隆電子（股）公司
101	GXF	2474	可成期貨	可成科技（股）公司
102	GZF	2485	兆赫期貨	兆赫電子（股）公司
103	HAF	2489	瑞軒期貨	瑞軒科技（股）公司
104	HCF	2498	宏達電期貨	宏達國際電子（股）公司
105	HDF	2499	東貝期貨	東貝光電科技（股）公司
106	HEF	2501	國建期貨	國泰建設（股）公司
107	HFF	2504	國產期貨	國產實業建設（股）公司
108	HGF	2511	太子期貨	太子建設開發（股）公司
109	HHF	2515	中工期貨	中華工程（股）公司
110	HIF	2520	冠德期貨	冠德建設（股）公司
111	IIJF	2534	宏盛期貨	宏盛建設股份有限公司
112	HKF	2536	宏普期貨	宏普建設（股）公司
113	HLF	2542	興富發期貨	興富發建設（股）公司
114	HMF	2545	皇翔期貨	皇翔建設（股）公司
115	HNF	2547	日勝生期貨	日勝生活科技（股）公司
116	HOF	2548	華固期貨	華固建設（股）公司

序號	股票期貨英文代碼	股票期貨標的證券代號	股票期貨中文簡稱	股票期貨標的證券
117	HPF	2601	益航期貨	益航（股）公司
118	HRF	2607	榮運期貨	長榮國際儲運（股）公司
119	HSF	2618	長榮航期貨	長榮航空（股）公司
120	HTF	2704	國賓期貨	國賓大飯店（股）公司
121	HUF	2707	晶華期貨	晶華國際酒店（股）公司
122	HVF	2809	京城銀期貨	京城商業銀行（股）公司
123	HWF	2812	台中銀期貨	台中商業銀行（股）公司
124	HXF	2820	華票期貨	中華票券金融（股）公司
125	HYF	2823	中壽期貨	中國人壽保險（股）公司
126	HZF	2833	台壽保期貨	台灣人壽保險（股）公司
127	IAF	2834	臺企銀期貨	臺灣中小企業銀行（股）公司
128	IBF	2845	遠東銀期貨	遠東國際商業銀行（股）公司
129	ICF	2847	大眾銀期貨	大眾商業銀行（股）公司
130	IFF	2903	遠百期貨	遠東百貨（股）公司
131	IHF	2913	農林期貨	台灣農林（股）公司
132	IIF	3006	晶豪科期貨	晶豪科技（股）公司
133	IJF	3008	大立光期貨	大立光電（股）公司
134	IMF	3019	亞光期貨	亞洲光學（股）公司
135	INF	3022	威強電期貨	威強電工業電腦（股）公司
136	IOF	3034	聯詠期貨	聯詠科技（股）公司

序號	股票期貨英文代碼	股票期貨標的證券代號	股票期貨中文簡稱	股票期貨標的證券
137	IPF	3035	智原期貨	智原科技（股）公司
138	IQF	3036	文曄期貨	文曄科技（股）公司
139	IRF	3037	欣興期貨	欣興電子（股）公司
140	ISF	3041	揚智期貨	揚智科技（股）公司
141	ITF	3042	晶技期貨	台灣晶技（股）公司
142	IWF	3061	璨圓期貨	璨圓光電（股）公司
143	IXF	3189	景碩期貨	景碩科技（股）公司
144	IYF	3376	新日興期貨	新日興（股）公司
145	IZF	3380	明泰期貨	明泰科技（股）公司
146	JBF	3443	創意期貨	創意電子（股）公司
147	JCF	3504	揚明光期貨	揚明光學（股）公司
148	JDF	3514	昱晶期貨	昱晶能源科技（股）公司
149	JEF	3519	綠能期貨	綠能科技（股）公司
150	JFF	3533	嘉澤期貨	嘉澤端子工業（股）公司
151	JGF	3561	昇陽科期貨	昇陽光電科技（股）公司
152	JIF	3576	新日光期貨	新日光能源科技（股）公司
153	JLF	3622	洋華期貨	洋華光電（股）公司
154	JMF	3653	健策期貨	健策精密工業（股）公司
155	JNF	3673	F-TPK 期貨	TPK Holding Co., Ltd.
156	JPF	3702	大聯大期貨	大聯大投資控股（股）公司

序號	股票期貨英文代碼	股票期貨標的證券代號	股票期貨中文簡稱	股票期貨標的證券
157	JRF	4725	信昌化期貨	信昌化學工業（股）公司
158	JSF	4938	和碩期貨	和碩聯合科技（股）公司
159	JTF	5203	訊連期貨	訊連科技（股）公司
160	JWF	5534	長虹期貨	長虹建設（股）公司
161	JXF	6005	群益證期貨	群益證券（股）公司
162	JYF	6120	輔祥期貨	輔祥實業（股）公司
163	JZF	6153	嘉聯益期貨	嘉聯益科技（股）公司
164	KAF	6176	瑞儀期貨	瑞儀光電（股）公司
165	KBF	6213	聯茂期貨	聯茂電子（股）公司
166	KCF	6239	力成期貨	力成科技（股）公司
167	KDF	6271	同欣電期貨	同欣電子工業（股）公司
168	KEF	6278	台表科期貨	台灣表面黏著科技（股）公司
169	KFF	6282	康舒期貨	康舒科技（股）公司
170	KGF	6285	啓碁期貨	啓碁科技（股）公司
171	KHF	6286	立錡期貨	立錡科技（股）公司
172	KIF	8039	台虹期貨	台虹科技（股）公司
173	KKF	8163	達方期貨	達方電子（股）公司
174	KLF	9904	寶成期貨	寶成工業（股）公司
175	KOF	9939	宏全期貨	宏全國際（股）公司
176	KPF	9945	潤泰新期貨	潤泰創新國際（股）公司

序號	股票期貨英文代碼	股票期貨標的證券代號	股票期貨中文簡稱	股票期貨標的證券
177	KRF	1201	味全期貨	味全食品工業股份有限公司
178	KSF	1477	聚陽期貨	聚陽實業股份有限公司
179	KTF	1736	喬山期貨	喬山健康科技股份有限公司
180	KWF	2328	廣宇期貨	廣宇科技股份有限公司
181	LAF	2905	三商行期貨	三商行股份有限公司
182	LBF	3044	健鼎期貨	健鼎科技股份有限公司
183	LCF	3045	台灣大期貨	台灣大哥大股份有限公司
184	LDF	3062	建漢期貨	建漢科技股份有限公司
185	LEF	3406	玉晶光期貨	玉晶光電股份有限公司
186	LGF	3705	永信期貨	永信國際投資控股股份有限公司
187	LHF	5471	松翰期貨	松翰科技股份有限公司
188	LIF	6269	台郡期貨	台郡科技股份有限公司
189	LKF	8081	致新期貨	致新科技股份有限公司
190	LLF	9907	統一實期貨	統一實業股份有限公司
191	LMF	9914	美利達期貨	美利達工業股份有限公司
192	LNF	9941	裕融期貨	裕融企業股份有限公司
193	LOF	5880	合作金期貨	合作金庫金融控股股份有限公司
194	LPF	1789	神隆期貨	台灣神隆股份有限公司
195	LQF	2356	英業達期貨	英業達股份有限公司
196	LRF	2883	開發金期貨	中華開發金融控股股份有限公司

序號	股票期貨英文代碼	股票期貨標的證券代號	股票期貨中文簡稱	股票期貨標的證券
197	LSF	3149	正達期貨	正達國際光電股份有限公司
198	LTF	4904	遠傳期貨	遠傳電信股份有限公司
199	LUF	4958	F-臻鼎期貨	臻鼎科技控股股份有限公司
200	LVF	5871	F-中租期貨	中租控股股份有限公司
201	LWF	1476	儒鴻期貨	儒鴻企業股份有限公司
202	LXF	2327	國巨期貨	國巨股份有限公司
203	LYF	8046	南電期貨	南亞電路板股份有限公司
204	LZF	8422	可寧衛期貨	可寧衛股份有限公司
205	MAF	1707	葡萄王期貨	葡萄王生技股份有限公司
206	MBF	2355	敬鵬期貨	敬鵬工業股份有限公司
207	MCF	3698	隆達期貨	隆達電子股份有限公司
208	MDF	4532	瑞智期貨	瑞智精密股份有限公司
209	MEF	4960	奇美材期貨	奇美材料科技股份有限公司
210	MFF	1447	力鵬期貨	力鵬企業股份有限公司
211	MGF	1451	年興期貨	年興紡織股份有限公司
212	MHF	1532	勤美期貨	勤美股份有限公司
213	MIF	2062	橋椿期貨	橋椿金屬股份有限公司
214	MJF	2360	致茂期貨	致茂電子股份有限公司
215	MKF	2439	美律期貨	美律實業股份有限公司
216	MLF	3454	晶睿期貨	晶睿通訊股份有限公司

序號	股票期貨英文代碼	股票期貨標的證券代號	股票期貨中文簡稱	股票期貨標的證券
217	MMF	4164	承業醫期貨	承業生醫投資控股股份有限公司
218	MNF	5007	三星期貨	三星科技股份有限公司
219	MOF	6206	飛捷期貨	飛捷科技股份有限公司
220	MPF	6214	精誠期貨	精誠資訊股份有限公司
221	MQF	6257	矽格期貨	矽格股份有限公司
222	MRF	6504	南六期貨	南六企業股份有限公司
223	MUF	6605	帝寶期貨	帝寶工業股份有限公司
224	MVF	9938	百和期貨	台灣百和工業股份有限公司
225	MWF	3682	亞太電期貨	亞太電信股份有限公司
226	MYF	1565	精華期貨	精華光學股份有限公司
227	MZF	1785	光洋科期貨	光洋應用材料科技股份有限公司
228	NAF	3105	穩懋期貨	穩懋半導體股份有限公司
229	NBF	3152	璟德期貨	璟德電子工業股份有限公司
230	NCF	3211	順達期貨	順達科技股份有限公司
231	NDF	3260	威剛期貨	威剛科技股份有限公司
232	NEF	3264	欣銓期貨	欣銓科技股份有限公司
233	NFF	3658	漢微科期貨	漢民微測科技股份有限公司
234	NGF	3691	碩禾期貨	碩禾電子材料股份有限公司
235	NHF	4105	東洋期貨	台灣東洋藥品工業股份有限公司
236	NIF	4123	晟德期貨	晟德大藥廠股份有限公司

序號	股票期貨英文代碼	股票期貨標的證券代號	股票期貨中文簡稱	股票期貨標的證券
237	NJF	5009	榮剛期貨	榮剛材料科技股份有限公司
238	NKF	5306	桂盟期貨	桂盟國際股份有限公司
239	NLF	5347	世界期貨	世界先進積體電路股份有限公司
240	NMF	5371	中光電期貨	中強光電股份有限公司
241	NNF	5478	智冠期貨	智冠科技股份有限公司
242	NOF	5483	中美晶期貨	中美矽晶製品股份有限公司
243	NPF	5512	力麒期貨	力麒建設股份有限公司
244	NQF	6121	新普期貨	新普科技股份有限公司
245	NRF	6146	耕興期貨	耕興股份有限公司
246	NSF	6147	頎邦期貨	頎邦科技股份有限公司
247	NTF	6244	茂迪期貨	茂迪股份有限公司
248	NUF	8044	網家期貨	網路家庭國際資訊股份有限公司
249	NVF	8069	元太期貨	元太科技工業股份有限公司
250	NWF	8299	群聯期貨	群聯電子股份有限公司
251	NXF	8942	森鉅期貨	森鉅科技材料股份有限公司
252	FPF	2206	三陽期貨	三陽工業（股）公司
253	IVF	3060	銘異期貨	銘異科技（股）公司

股票期貨於何種情況下，會進行契約調整？

　　依據股票期貨契約交易規則第 21 條規定，標的證券之發行公司有下列各款情事之一者，期交所將進行該契約之調整，並於調整生效日前公告調整內容：

（一）分派現金股利。

（二）以資本公積或盈餘轉作資本。

（三）現金增資。但股東無優先認購普通股權利者，不在此限（例如以私募方式辦理現金增資）。

（四）合併後為消滅公司。

（五）減資。但依規定買回股份或股東拋棄股份辦理股份註銷者，不在此限（例如庫藏股減資）。

（六）股份轉換為他公司之子公司。

（七）其他致使股東所持股份名稱、種類或數量變更，或受分配其他利益之情事。

亞泥除權息案例

關於除權息的資訊台灣期貨交易所網頁上都會公告，範例如下：

正本

臺灣期貨交易所股份有限公司　函

地址：100 台北市羅斯福路2段100號14樓
聯絡人：周碩
聯絡電話：(02)2369-5678分機127

100
臺北市羅斯福路二段100號14樓
受文者：本公司網站

發文日期：中華民國103年8月18日
發文字號：台期交字第10302011880號
速別：最速件
密等及解密條件或保密期限：普通
附件：如文

主旨：公告亞泥期貨（代號DYF）契約調整事宜。

說明：

一、依本公司股票期貨契約交易規則第21條規定辦理。

二、亞洲水泥股份有限公司（公司股票代號：1102）103年8月15日
公告分派股利，每股無償配發股票股利0.2元（即每千股配發
20股）及現金股利1.8元。

三、旨揭契約調整生效日、調整月份、調整內容、標準契約加掛及
部位限制等，詳列如附件。

正本：各期貨商、各期貨交易輔助人、行情資訊廠商、本公司網站、結算部
副本：中華民國期貨業商業同業公會、中華民國證券商業同業公會、臺灣集中保管結
算所股份有限公司、台北國際金融資訊協會、財團法人中華民國證券暨期貨市
場發展基金會、記者室、企劃部、資訊規劃部、資訊作業部、監視部

總經理 邱文昌

依本公司分層負責規定授權督導主管決行

第1頁 共1頁

臺灣期貨交易所
亞泥期貨契約調整

一、契約調整：

調整生效日	103 年 8 月 28 日
調整契約月份	103 年 9 月、10 月、12 月、104 年 3 月及 6 月到期契約
契約代號	DYF 調整為 DY1
約定標的物	調整為 2,040 股標的證券
契約乘數	DY1 契約乘數調整為 2,040
買方權益數加項	每口買方未沖銷部位調整買方權益數加項新臺幣 3,600 元
賣方權益數減項	每口賣方未沖銷部位調整賣方權益數減項新臺幣 3,600 元

二、加掛標準契約：

上市日	103 年 8 月 28 日
契約代號	DYF
約定標的物	2,000 股標的證券
到期月份	103 年 9 月、10 月、12 月、104 年 3 月及 6 月到期契約

三、部位限制：

(一)改按標的證券股數計算：

持有部位	DYF	DY1
每口折算股數	2,000	2,040

(二)部位合併計算：DY1 與 DYF 部位合併計算。

(三)部位限制數"：

適用期間 部位限制數	自 103.08.28 起至 103.10.15（103 年 10 月契約到期日）止	自 103.10.16 起至 DY1 契約終止掛牌前一營業日止
自然人	4,080,000 股	4,000,000 股
法人機構	12,240,000 股	12,000,000 股
造市者	30,600,000 股	30,000,000 股

註：部位限制數應依本契約最新適用部位限制級數計算。

　　遇到除權息，如某月份合約有未平倉合約，便會形成一個新的合約。如下面的，"1102 亞泥 09"（DYF）之外多了一個"1102 亞泥 109"（DY1）。

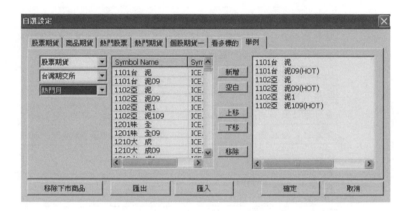

國內期貨保證金一覽表

2015/1/23

代碼	類別	商品別	幣別	原始保證金	維持保證金	當沖保證金
TX	股票指數	臺股期貨	NTD	83,000	64,000	42,000
TE	股票指數	電子期貨	NTD	68,000	52,000	34,000
TF	股票指數	金融期貨	NTD	53,000	41,000	27,000
MTX	股票指數	小型臺指期貨	NTD	20,750	16,000	11,000
TXO-A	股票指數	臺指選擇權風險保證金（A值）	NTD	22,000	17,000	——
TXO-B	股票指數	臺指選擇權風險保證金最低值（B值）	NTD	11,000	9,000	——
T5	股票指數	台灣50期貨	NTD	30,000	23,000	——
TEO-A	股票指數	電子選擇權風險保證金（A值）	NTD	18,000	14,000	——
TEO-B	股票指數	電子選擇權風險保證金最低值（B值）	NTD	9,000	7,000	——
TFO-A	股票指數	金融選擇權風險保證金（A值）	NTD	13,000	10,000	——
TFO-B	股票指數	金融選擇權風險保證金最低值（B值）	NTD	7,000	5,000	——
GT	股票指數	櫃買期貨	NTD	29,000	22,000	——
XI	股票指數	非金電期貨	NTD	57,000	44,000	——
GTO-A	股票指數	櫃買選擇權風險保證金（A值）	NTD	7,000	6,000	——
GTO-B	股票指數	櫃買選擇權風險保證金最低值（B值）	NTD	4,000	3,000	——
XIO-A	股票指數	非金電選擇權風險保證金（A值）	NTD	14,000	11,000	——
XIO-B	股票指數	非金電選擇權風險保證金最低值（B值）	NTD	7,000	6,000	——
GB	利率	十年期公債期貨	NTD	46,000	36,000	——

代碼	類別	商品別	幣別	原始保證金	維持保證金	當沖保證金
GD	商品	黃金期貨	USD	7,530	5,700	——————
TG	商品	臺幣黃金期貨	NTD	29,000	22,000	——————
TGO—A	商品	台幣黃金選擇權風險保證金最低值（A 值）	NTD	15,000	12,000	——————
TGO—B	商品	台幣黃金選擇權風險保證金最低值（B 值）	NTD	8,000	6,000	——————
NYF	股票	台灣 50ETF	NTD	33,000	25,000	
NZF	股票	寶滬深 ETF	NTD	13,000	10,000	
OAF	股票	FB 上證 ETF	NTD	25,000	19,000	
	股票	個股期貨（備註 1）	NTD	13.5%*契約成數*市價	10.35% *契約成數* 市價	——————

備註：個股期貨的市價盤中以即時價計算，開盤前以前一日結算價計算，契約成數 2000，

調整依交易所公告。

注意：保証金並非一成不變，期交所會視需要進行調整，所以以上資訊僅供參考。

o6

國外期貨

國外期貨特色

屬於台灣期貨交易所合法交易商品

現今幾乎每家國內的期貨經紀商都可以接受委託買賣國外期貨，並非地下期貨交易！

目前可交易且交易量較大的商品，有以下商品：

恆生指數、日經 225、道瓊工業指數、S&P500 指數、那斯達克、歐元、英鎊、瑞士法郎、日圓、澳幣、歐洲道瓊藍籌、輕原油、黃金期貨、黃豆、小麥、玉米等等，而有些期貨還有依合約規格分大小，例如：道瓊工業指數及迷你道瓊工業指數，歐元、迷你歐元及微型歐元等等、黃金及微型黃金等等，這些都可以依投資人資本額及風險程度來選擇商品。

交易時間長，避免跳空風險

國外期貨交易量比較大、歷史比較悠久的交易所，在網路資訊科技時代來臨後，交易時間幾乎是全天候的（週末休息），CME 的各類外匯期貨，例如歐元、英鎊、瑞士法郎、日圓、澳幣，每天僅有休息 1 小時。

連續性的交易時間，讓跳空相對不容易發生，即使跳空，週一至週五的缺口不至於太大，若交易方向不對時，要出場都還來得及！

可以下到期交所端的停損單機制

國外多數交易所都可以設定停損限價單，交易者只要下出委託以後，當日都有效。並不會因爲異常行情或電腦當機、斷線而導致非個人風險損失。這種停損限價單是下到國外期交所，所以當你設立好停損價位且委託後，就不用一直盯在電腦盤前。

交易量較大，流通性足，較不易受單一主力操控市場

國外期貨商品，多數的交易量都是非常的大，迷你 S&P500，每日約 250～350 萬口、歐元期貨每天約 30 萬以上口、歐洲藍籌道瓊每天約 100 萬以上口、小道每天約 15～20 萬口。這樣的交易量，除了買賣價差幾乎僅隔 1 檔（趨近於不會滑價）以外，也很難有所謂的單一主力可以利用籌碼的優勢去操控國外期貨市場。

趨勢相對好抓，較適合技術分析的交易人

由於交易量夠大、走勢比較符合整個市場實際的多空看法，故技術分析運用在國外期貨，準確度比較高。尤其在外匯期貨的中長期趨勢分析，準確度更高。

可交易商品種類較多

商品種類多，除了單純的交易選擇多以外（例如歐元做不順、可以改做恆生），有分股票指數類的迷你道瓊工業指數、新加坡 A50，

貨幣類的歐元期貨，商品類的黃金，農產品類的玉米等等，這些都是可以交易的商品！對程式交易者也有分散商品屬性風險的優勢。無須面對單一商品鑽牛角尖。

國外期貨的合約規格時間較長

絕大多數國外期貨，都是以季月為單位，可以減少換倉跟結算交割的頻率與麻煩。當然，也不會經常要考慮拉高結算或壓低結算的多空交戰。對於波段投資的交易者，國外期貨會相對適合。不過還是有一些熱門期貨是週期較短的，例如原油（一個月）、黃金（兩個月）等等

國外期貨沒有交易稅

目前在台灣的期貨經紀商對於國外期貨，都僅有收手續費，是沒有交易稅的問題。這樣交易一來一往，只需要考慮到手續費的成本，更方便交易人計算損益。

股票期貨好賺錢
選讀本

國外期貨保證金一覽

交易所	代碼	商品名稱	幣別	原始保證金	維持保證金
SGX	STW	摩根台股指數	美元	1,430	1,300
	NK	日經指數	日圓	396,000	360,000
	IN	印度指數	美元	605	550
	SG	新加坡指數	新幣	2,310	2,100
	CN	富時中國 A50	美元	1,430	1,300
HKF	HSI	香港恒生指數	港幣	87,750	70,200
	MHI	小型恒生	港幣	17,550	14,040
	HHI	H 股期指	港幣	44,050	35,250
	MCH	小型 H 股期指	港幣	8,810	7,050
CME & CBOT	SP	S&P 500 指數	美元	25,300	23,000
	ND	NASDAQ 100 指數	美元	19,800	18,000
	DJ	道瓊工業指數	美元	8,580	7,800
	CNK	CME - NK	美元	3,960	3,600
	ES	E-Mini S&P500 指數	美元	5,060	4,600
	NQ	E-Mini NASDAQ100 指數	美元	3,960	3,600
	YM	迷你道瓊工業指數	美元	4,290	3,900
LIFFE	FFI	FT-SE 100 指數	英磅	2,800	2,800
MATIF	FCE	CAC 40 指數	歐元	3,000	3,000
OSE	JNI	日經 225	日圓	¥720,000	¥720,000
	JNM	迷你日經	日圓	¥72,000	¥72,000
CME	MGC	微黃金	美元	440	400
CME	ECM	微型歐元（$1.25）	美元	341	310
	UROM	迷你歐元（$6.25）	美元	1,705	1,550
	EC	歐元	美元	3,410	3,100
	AD	澳幣	美元	2,200	2,000
	BP	英磅	美元	1,925	1,750
	CD	加幣	美元	1,705	1,550
	SF	瑞郎	美元	7,425	6,750
	MP	墨西哥披索	美元	2,310	2,100
	NE	紐西蘭幣	美元	1,980	1,800

交易所	代碼	商品名稱	幣別	原始保證金	維持保證金
	JY	日元	美元	3,300	3,000
CBOT	US	30年美國長期公債	美元	2,860	2,600
	TY	10年美國政府本票	美元	1,485	1,350
	FV	5年美國中期債券	美元	990	900
	TU	2年美國中期債券	美元	605	550
	ED	歐洲美元	美元	248	225
CME	LC	活牛	美元	1,320	1,200
	FC	肉牛	美元	2,475	2,250
	LH	瘦肉豬	美元	1,320	1,200
	YC	小玉米	美元	220	200
	YK	小黃豆	美元	495	450
CBOT	C	玉米	美元	1,100	1,000
	S	黃豆	美元	2,475	2,250
	BO	豆油	美元	880	800
	SM	豆粉	美元	2,750	2,500
	W	小麥	美元	1,430	1,300
	O	燕麥	美元	990	900
	RR	粗米	美元	880	800
CBOT	ZG	大黃金（100盎司）	美元	4,950	4,500
	YG	小黃金（32.15盎司）	美元	1,650	1,500
	ZI	大白銀（5000盎司）	美元	6,875	6,250
	YI	小白銀（1000盎司）	美元	1,375	1,250
NYBOT	KC	咖啡	美元	4,400	4,000
	CC	可可	美元	1,430	1,300
	SB	糖（11號）	美元	1,045	950
	CT	棉花	美元	1,320	1,200
	OJ	凍橘汁	美元	1,320	1,200
NYMEX	PL	白金	美元	1,980	1,800
	PA	鈀金	美元	3,575	3,250
	GC	黃金	美元	4,400	4,000
	SI	白銀	美元	6,050	5,500
	HG	高級銅	美元	3,740	3,400
NYBOT	DX	美元指數	美元	1,485	1,350
NYMEX	QM	小輕原油	美元	2,448	2,225

交易所	代碼	商品名稱	幣別	原始保證金	維持保證金
	CL	輕原油	美元	4,895	4,450
	RB	無鉛氣油	美元	5,170	4,700
	NG	天燃氣	美元	4,455	4,050
	HO	熱燃油	美元	4,373	3,975
TCE	JAU	黃金	日圓	¥114,000	¥114,000
	JAM	小黃金	日圓	¥12,000	¥12,000
	JSV	白銀	日圓	¥50,000	¥50,000
	JPA	鈀金	日圓	¥70,000	¥70,000
	JPM	小白金	日圓	¥14,400	¥14,400
	JPL	白金	日圓	¥72,000	¥72,000
	JGL	汽油	日圓	¥120,000	¥120,000
	JKE	燃油	日圓	¥120,000	¥120,000
	JCO	原油	日圓	¥115,000	¥115,000
	JRU	橡膠	日圓	¥40,000	¥40,000
	JCR	玉米	日圓	¥45,000	¥45,000
	JAS	黃豆	日圓	¥20,000	¥35,000
	JRB	小豆	日圓	¥20,000	¥35,000
	JSG	粗糖	日圓	¥125,000	¥125,000
LME	AA	鋁合金	美元	2,680	2,680
	CA	銅	美元	14,100	14,100
	AH	鋁	美元	3,950	3,950
	NI	鎳	美元	10,092	10,092
	SN	錫	美元	8,740	8,740
	ZS	鋅	美元	3,300	3,300
	PB	鉛	美元	3,200	3,200

注意：以上為 2015/1/23 國外保証金一覽，國外保証金會隨時根據國外交易所的公告而變動，所以上述資料僅供參考。

■什麼是選擇權？
■看多後市
■看空後市
■預期貨格可能有大變化但不確定漲還是跌
■預期價格持平，狹幅震盪
■舉例
　週選擇權的交易狀況和月選擇權的狀況比較
　2014 年 9 月 17 日一週到期選擇權表現
　2014 年 9 月 30 日結算前一日一週到期選擇權狀況
　2014 年 10 月 15 日台指月結算行情

07
選擇權

■選擇權課稅實例
■選擇權使用的策略與時機
■Black Scholes 期權定價模型
■P/C Ratio
■期交所網頁關於選擇權理論價格計算
　　　　　　《灰體字部分請見全文本》

週選擇權的交易狀況和月選擇權的狀況比較

2014 年 9 月 30 日週選擇權的交易狀況

台灣期交所 ▼	臺指選擇權TXO ▼		201410 ▼		狀態：	☑ 欄
臺指 成交價 8966.92 漲跌 ▲ 6.16			臺指10 成交價 8991 漲跌 ▲ 10 買價 8990 賣價 8992			
買權 Call			履約價	賣權 Put		
買價	賣價	總量		總量	賣價	買價
1340	1430	12	7600	0	0.5	0.1
1240	1330	12	7700	0	0.5	0.1
1150	1230	12	7800	36	0.5	0.1
1050	1130	12	7900	170	0.6	0.2
965	1030	0	8000	490	0.8	0.4
865	920	0	8100	1603	0.8	0.6
740	840	20	8200	1999	1.3	0.9
645	710	32	8300	4365	1.6	1.4
545	635	13	8400	10750	1.9	1.7
489	498	104	8500	16422	2.8	2.6
391	399	264	8600	26125	5.1	4.9
296	303	1107	8700	36610	10	9.7
211	214	7201	8800	49582	23	21.5
135	138	26860	8900	47483	46.5	44.5
79	81	47460	9000	24721	89	87
42	43	52297	9100	12352	153	150
20.5	21	50329	9200	3386	233	230
9.7	9.9	34918	9300	1061	323	315
4.8	4.9	20563	9400	1215	419	410
3	3.2	13463	9500	186	535	496
1.9	2.1	12901	9600	26	650	565
1.2	1.4	5018	9700	8	760	665
0.9	1	3607	9800	1	860	795
0.5	0.6	537	9900	1	950	875
0.5	0.6	554	10000	1	1050	970
0.2	0.4	128	10200	41	1240	1170
0.1	0.4	25	10400	53	1430	1370
0.1	0.4	25	10600	25	1630	1590
0.1	0.4	25	10800	25	1840	1780
0.1	0.4	25	11000	25	2040	1980

2014 年 9 月 30 月選擇權的交易狀況

台灣期交所	▼	臺指選擇權TXO	▼	201410W1	▼	狀態：	☑ 欄
臺指 成交價 8966.92 漲跌 ▲ 6.16			臺指10 成交價 8991 漲跌 ▲ 10 買價 8990 賣價 8992				

買權 Call			履約價 △	賣權 Put		
買價	賣價	總量		總量	賣價	買價
625	715	0	8300	20	0.3	0.1
525	615	0	8400	50	0.3	0.1
431	525	8	8500	151	0.4	0.1
325	425	40	8600	272	0.4	0.1
270	280	228	8700	918	0.4	0.2
221	229	397	8750	5173	0.3	0.2
175	178	3380	8800	16751	0.5	0.4
126	128	19595	8850	38465	0.9	0.7
78	81	56159	8900	76251	3.9	3.6
35	40	73006	8950	72527	13.5	12.5
13.5	14	72055	9000	41181	38.5	38
3.8	3.9	31000	9050	12946	82	77
1.2	1.3	13963	9100	2730	127	117
0.6	0.7	7488	9150	489	176	171
0.3	0.5	2458	9200	283	229	221
0.3	0.4	579	9250	29	311	225
0.1	0.3	394	9300	4	345	305
0.2	0.3	220	9350	U	430	325
0.1	0.3	66	9400	0	480	375
0.1	0.3	3	9500	0	575	483
0.1	0.3	0	9600	0	675	580
0.1	0.3	1	9700	0	775	680
0.1	0.3	0	9800	0	875	785

一週到期選擇權和月選擇權交易狀況比較表

月總量	週總量	履約價	週總量	月總量
32	0	8300	20	4365
13	0	8400	50	10750
104	8	8500	151	16422
264	40	8600	272	26125
1107	228	8700	918	36610
	397	8750	5173	
7201	3380	8800	16751	49582
	19595	8850	38465	
26860	56159	8900	76251	47483
	73006	8950	72527	
47460	72055	9000	41181	24721
	31000	9050	12946	
52297	13963	9100	2730	12352
	7488	9150	489	
50329	2458	9200	283	3386
	579	9250	29	
34918	394	9300	4	1061
	220	9350	0	
20563	66	9400	0	1215
13463	3	9500	0	186
12901	0	9600	0	26
5018	1	9700	0	8
3607	0	9800	0	1

　　由同一天的一週到期選擇權和月到期選擇權的各履約價交易總
量比較圖可以看到：

　1.月到期選擇權的履約價選擇比週到期選擇權多。

　2.週到期選擇權的履約價間距有 50 點的間距而月選擇權都是
　　100 點的間距。

在最接近期貨成交價的履約價中,一週到期和月到期共有的履約價 8900 和 9000 兩者的買權和賣權,一週到期選擇權的交易總量遠遠的大於月到期選擇權的交易總量。

2014 年 9 月 17 日一週到期選擇權表現

2014/9/17 星期三一週到期選擇權和月選擇權到期日同一天
台指行情開盤 9195 最高價 9248 最低價 9148 高低點有一百點
台指權 9250 的 Put 開盤價 59 最低 12 最高 98
台指權 9200 的 Call 開盤價 15 最低 0（結算）最高 52

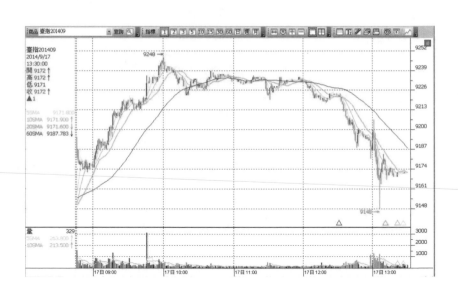

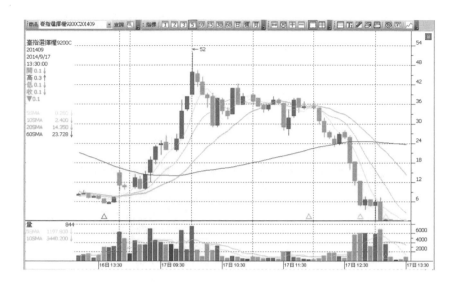

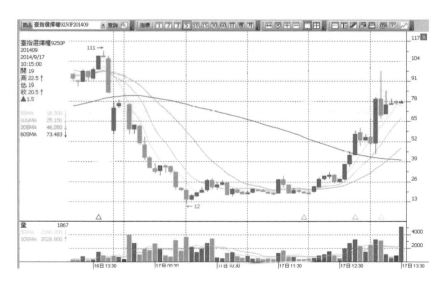

2014 年 9 月 30 日結算前一日一週到期選擇權狀況

　　2014 年 09 月 30 日近月台指期開盤價 8961 最高價 9021 最低價 8871 收盤價 8991，最高最低差 50 點。

一週到期選擇 9000 點的 Call 開盤是 13 收盤是 14，最低是 1.9
最高是 28.5

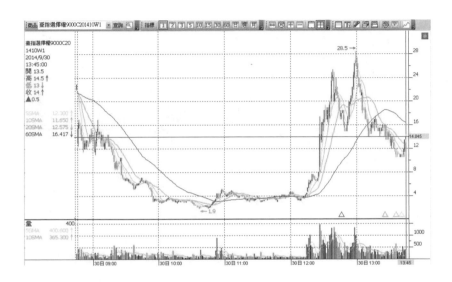

一週到期選擇權 8650 的 Put 開盤 28 收盤價 11.5，最高價 84，最低價 3.8。

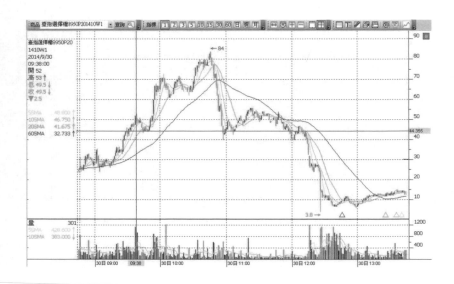

2014 年 10 月 15 日台指月結算行情

開盤 8743，收盤 8646，最高價 8763，最低價 8641。

台指月選擇權 8650 的 Call 最高價 114，收盤結算後爲 0。

台指月選擇權 8700 的 Put 最低價 4.8 最高價 60，收在 54。

選擇權使用的策略與時機

　　選擇權是一種非常靈活的投資工具，可以作多，也可以作空，也可以從市場盤整中獲利。此外，選擇權也具備期貨的功能，可以用來避險，鎖定投資最大損失或投資利潤。

　　選擇權的原理簡單，特性靈活而且成本低廉，加上其演化出來的各種千變萬化之投資策略，使他深受投資人的喜愛。

　　買賣選擇權獲利的關鍵在於：

　　（1）正確的研判市場行情趨勢
　　（2）選定最佳投資策略
　　（3）靈活的調整持股部位

　　就像投資股票或期貨一樣，正確的市場行情研判，為投資獲利的根基，如果看大漲，你可以買入買權；看大跌可以買進賣權；看盤整，可以買進多頭蝶式價差。所謂「兵來將擋，水來土淹」，在不同的時機，正確使用不同的策略因應，為投資致勝的第二步。市場行情詭譎多變，經常有突發的事件，影響市場行情激烈波動，甚至扭轉整個多空走勢，因此善用選擇權分析工具，研擬出各種因應方案，隨時盯緊行情，準備好應變措施，是成為投資獲利第三個重要法門。

　　基本上，選擇權足　場零合遊戲，有人贏，必有人輸。必須善用分析工具，做好研判，擬定策略並備妥因應措施，才能成為選擇權買賣的常勝軍。

策略	名稱	使用時機	風險水準
1	買進買權	看漲（大漲）	有限
2	賣出買權	看跌（小跌）	無限
3	買進賣權	看跌（大跌）	有限
4	賣出賣權	看漲（小漲）	無限
5	買進期貨賣出買權	看漲（小漲）	無限
6	賣出期貨賣出賣權	看跌（小跌）	無限
7	買進時間價差	盤整	有限
8	賣出時間價差	小漲或小跌	有限
9	買權多頭價差	看漲（小漲）	有限
10	賣權多頭價差	看漲（小漲）	有限
11	買權空頭價差	看跌（小跌）	有限
12	賣權空頭價差	看跌（小跌）	有限
13	買進跨式	看大漲或大跌	有限
14	賣出跨式	盤整	無限
15	買進勒式	大漲或大跌	有限
16	賣出勒式	盤整	無限
17	買進蝶式價差	盤整	有限
18	賣出蝶式價差	小漲或小跌	有限
19	買進兀鷹價差	盤整	有限
20	賣出兀鷹價差	小漲或小跌	有限
21	轉換	大跌	無限
22	逆轉	大漲	無限

《灰體字部分請見全文本》

o8
特殊操作

何謂觸價下單（Market if Touched）

什麼是觸價下單（Market if Touched）

　　觸價下單翻譯為「觸及市價單」，簡單來說就是「市場價格觸及觸發價後，以市價送出委託」。

與停損單的差異

　　沒有買進觸發需高於市價，賣出觸發價需低於市價之限定，設定更靈活。
　　觸發後市價送出委託　（僅需設定觸發價，不需設定委託價）。

觸發下單

　　若觸發價高於目前市價，當市價上移觸及觸發價時送出市價委託。
　　若觸發價低於目前市價，當市價下移觸及觸發價時送出市價委託。

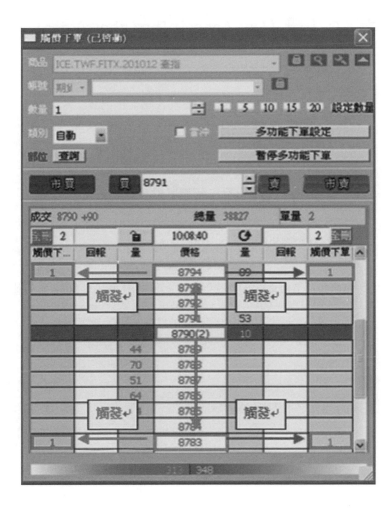

何謂 OCO 下單（One Cancels The Other Order）

功能由來

1. 通常研判行情時都會有兩種可能。
2. 但只會有一種情況發生。
3. 用兩筆委託去操作恐有忘記刪單導致重複成交的問題。

什麼是 OCO，One Cancels The Other Order：
二擇一單（OCO，One Cancels The Other Order），就是「設定兩個觸發價，市價觸及任一觸發價，即送出委託，同時另一觸發價則失效」。

優勢

可同時設定停損停利條件。
兩個條件一個成立時，另一個即失效（不會有重複成交的問題）。

觸發說明

設定兩個觸發價。
兩個觸發價一個需高於市價，一個需低於市價（剛好上下夾住市價）。

觸及其中一個觸發價，則另一觸發價自動失效。

OCO 低買高賣限價委託送出。

OCO 高買低賣於觸價後送出。

何謂鋪價下單

鋪價下單

　　「設定多檔委託條件,即送出一筆委託單,同時依設定追價的檔數與價位間隔,同步送出委託單」。

優勢

　　可同時設定多檔追價條件。

鋪價說明

　　設定多檔委託條件加掛檔數方向(買上賣下、買下賣上)。
　　一次委託,多筆委託單一次送出。

停損單

　　停損單：又可稱做停損市價單，當價格觸及所設的停損價格後以市價執行。

　　注意：因為是以市價執行，所以成交的價格可能差非常大！！

買　進	賣　出
停損價　▼	自動　▼
數量 1	□ 當沖
價格 市價	
停損	

停損限價單

停損限價單：當價格觸及所設停損價格，以所設定的價格執行
（掛限價執行）。

注意：因為是用限價單執行，所以會有無法成交的可能。

買　進	賣　出
停損限(▼	自動 ▼
數量 1	☐ 當沖
價格	
停損	

何謂停損、停利

停損、停利說明

停損就是「市場價格觸及設定損失檔數，以市價送出委託」。
停利就是「市場價格觸及設定獲利檔數，以市價送出委託」。

停損、停利設定

選擇可交易商品、帳號、下單口數。
輸入停損、停利檔數。
啟動多功能下單即可。

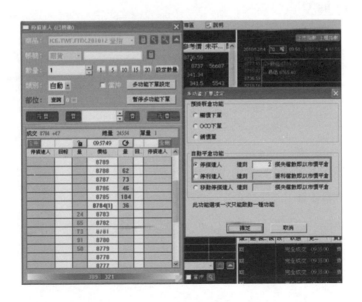

何謂移動停損下單

一般停損與移動停損比較

一般停損單，能幫助您停損，但是，您的獲利呢？
移動停損單，除了能停損，更重要的是幫您保住獲利！
平倉的點不同，真的是「差很大」。

特色

兼具停損與鎖利功能，幫您持盈保泰，增進財富。

移動停損說明

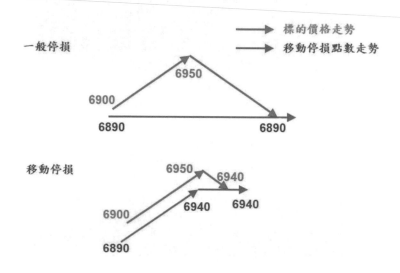

初始觸發價

	初始觸發價	範例
賣出移動 停損委託	送出移動停損委託單時 之市價**減**移動停損點數	假設在指數於 7500 點設一賣出之移動停 損委託，則初始觸發價為 7480
買進移動 停損委託	送出移動停損委託單時 之市價**加**移動停損點數	假設在指數於 7500 點設一買進之移動停 損委託，則初始觸發價為 7520

觸發價之移動

	觸發價之移動	口訣
賣出移動 停損委託	隨標的市場價格 上漲而上移	賣出之移動停損委託，觸發價 跟漲不跟跌
買進移動 停損委託	隨標的市場價格 下跌而下移	買進之移動停損委託，觸發價 跟跌不跟漲

觸發價移動（賣出）

賣出之移動停損委託，觸發價跟漲不跟跌。

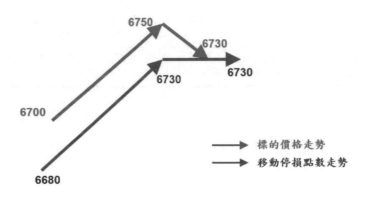

觸發價移動（買進）

買進之移動停損委託，觸發價跟跌不跟漲。

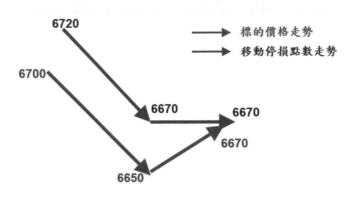

《灰體字部分請見全文本》

09
操作策略

交易策略發展

RISK +

價差		趨勢
作市		當沖
套利		高頻

RISK -

當沖

才可掌握行情，機械式反應。

富士中國 A50 2014 年 12 月 30 日不同月份價差表現

　　2014 年 12 月 30 日，12 月份的 A50 期貨即將到期，該商品與 2015 年 1 月份的價差，從 12 月 28 日最低時的−60 到 12 月 30 日的 +160！！

　　如果策略方向正確，每一組可以賺到 160+60=220 點！！也就是台幣大約 6600 元！！！

　　下方是用華南好神期裡的價差圖顯示的走勢圖，從事價差交易的投資人可以好好利用這個功能。

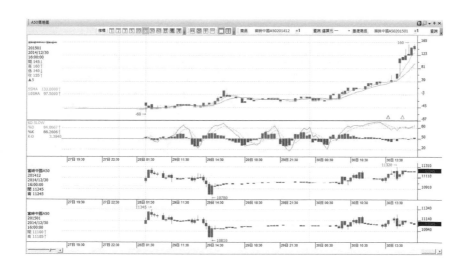

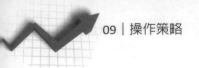

守株待兔策略

策略說明

　　根據波浪理論創始人 Eilliott：

　　歸納整個市場的價格波動型態，發現不論趨勢的層級大小，均遵循著一種五波上升三波下降的基本節奏，透過每一個波浪，試圖抓出反向的趨勢。

　　　　　　　　　　　　　　　　　　　　　　　　——守株待兔策略

正常 K 線走勢圖

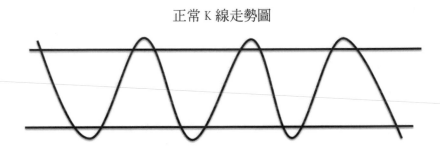

抓當日行情轉折點！！！！

標的
- 開盤權利金約當40點的買/賣權-buy side
- 每月結算的月選擇權(不分多空)

訊號進場
- 當買/賣權開盤後掛進20點買進

訊號出場
- 停利:當權利金呈現為60元時出場
- 停損:不停損，1:44分出場

- 停利停損比率為3:1
- 不留倉，降低持單風險
- 若當日行情為單邊大行情損失有限，(20點權利金)

《灰體字部分請見全文本》

10
風險管理

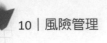

操作十誡

進出依據準則

坦然面對虧損

設定承受風險

避免過度交易

避免重倉交易

依盤勢單方向

盤後檢討研究

勝勿驕敗勿餒

養成正向循環

尋找精神導師

成功交易的 3 個 M

　　成功的交易基於 3 個 M：心（Mind）—心理建設、法（Method）—技術系統和錢（Money Management）—資金管理。

　　「心」是指發展出一些心理準則與交易心理，讓你置身在市場噪音時能保持冷靜。

　　「法」是指擁有一套系統，用於分析價格和發展決策樹，以找到交易機會並做出進場和出場的決定。

　　「錢」是指資金管理，任何一筆交易，都只拿操作資本的一小部分去進行冒險。管理交易資本，追求長期的生存和成功，正如潛水艇分成許多密封艙，這樣的設計即使有個艙房進水了，也不會沉沒。

　　這最後一個 M 是成功的最關鍵因素。在你的資金管理過程中，必須要畫出自己的資金曲線，它不僅會反映出你的心態，也會反映出你所用方法的質量。

　　在市場中，幾乎每個人都可以做一筆好交易，但只有很少的人能讓資金增長。

　　資金管理就是管理交易資金的技能。有人把它叫做一種藝術，有人說是科學，實際上它是兩者的融合，而科學在其中占了主導地位。

　　資金管理的目標是通過減少失敗的交易中的虧損和最大化贏利交易中的利潤來累積資金。就如同你看到「行人」綠燈亮起，穿越馬路時，你仍然要往左右看看是否有瘋狂的司機不管信號燈的信號橫衝直撞過來一般。

交易系統就像紅綠燈一樣，會給出一個交易信號，而資金管理就像穿越馬路時必需左右看看一樣，即使是最棒的交易系統也需要資金管理的保護才能持續不斷的贏利。

絕對嚴禁大賠

　　一旦你有了具有高期望值（勝率高）的交易系統，你必須制定資金管理原則。遵循這些原則，就好像你的生命是依靠它們一樣，事實也是如此。當我們失敗時，不管你損失的比例有多少，你都必須賺更多比例的錢來補償才能把損失打平。

　　為什麼這麼說？如果你有一張收據註明收費 70 元，打折 10%，但要付 10%的稅。那麼結果是什麼？如果你說是 70 元，那麼請再讀一遍上文。70 －（70×10%）=63，63 ＋（63×10%）=69.30。如果先減去 10%，再加上 10%，最後的結果是低於初始值的。虧損就像跌進一個冰窟一般，下滑是容易的但爬出來卻很困難，因為冰窟的壁太光滑了。

　　當一個交易者的賬戶從 10000 元下滑到 6600 元時，會發生什麼呢？他的賬戶虧損了 34%，而他必須至少再贏利 50%才能重新回到 10000 元，一個剛剛虧損掉三分之一本金的交易者，想要賺 50%，可能嗎？通常只有兩種選擇：一直待在冰窟的底部永遠不要再想著爬出，或者重新投入資金。

總資金 100%	
操作損失比率%	回復總資金所需報酬率%
10%	11.1%
20%	25%
40%	66.7%
50%	100%
90%	900%

關鍵問題是：是否能從失敗中吸取教訓

　　市場像一個柔軟的角鬥場。在這戰鬥中，生命是用金錢來衡量的。每個人都在努力從你的身上掠奪金錢。虧錢很容易，但賺錢卻很難。

記住：無論如何不要大賠

交易學習金字塔

《灰體字部分請見全文本》

II
巨人的肩膀

科斯托蘭尼於《一個投機者的告白》一書中所提到的十戒

科斯托蘭尼於「一個投機者的告白」書中所提的十戒：

- 不要跟著建議跑，不要想能夠聽到秘密訊息。
- 不要相信賣主知道他們為什麼要賣，或買主知道自己為什麼要買，也就是說，不要相信他們比自己知道的多。
- 不要想把賠掉的再賺回來。
- 不要考慮過去的指數。
- 不要躺在有價證券上睡大覺，不要因期望達到更佳的指數，而忘掉它們，也就是說，不要不做決定。
- 不要不斷觀察變化細微的指數，不要對任何風吹草動做出反應。
- 不要在剛剛賺錢或賠錢時做最後結論。
- 不要只想獲利就賣掉股票。
- 不要在情緒上受政治好惡的影響。
- 獲利時，不要過分自負。

科斯托蘭尼於《一個投機者的告白》一書中所提到的十律

科斯托蘭尼於「一個投機者的告白」書中所提的十律：

• 要有主見，三思後再決定；是否應該買進，如果是，在哪裡，什麼行業，哪個國家？

• 要有足夠的資金，以免遭受壓力。

• 要有耐心，因為任何事情都不可預測，發展方向都和大家想的不同。

• 如果相信自己的判斷，便必須堅定不移。

• 要靈活，並時刻考慮到想法中可能有錯誤。

• 如果看到出現新的局面，應該賣出。

• 不時察看購買股票的清單，並檢查現在還可買進哪些股票。

• 只有看到遠大的發展前景時，才可買進。

• 考慮所有的風險，甚至是最不可能出現的風險，也就是說，要時時刻刻想到有意想不到的因素。

• 即使自己是對的，也要保持謙遜。

《灰體字部分請見全文本》

12
從開戶到交易

自然人開戶必備文件

客戶種類	開戶條件	開戶檢附資料	備註
成年人	1. 年滿二十歲。 2. 有行為能力之中華民國國民。	1. 身分證正本及第二身分證明文件如駕照或健保卡等。 2. 印章。 3. 銀行存摺影本。 4. 本人親自辦理開戶。	公司之董事、監察人及受僱人（與配偶）不得代理或代表他人開戶或買賣期貨。（有授權情事者需另加附授權書。）
境內華僑及外國人	1. 年滿二十歲。 2. 在中華民國境內領有外僑居留證者。	1、證交所即製發「境內華僑及外國人完成登記證明」。 2. 該外僑居留證影本。 3. 印鑑。 4. 本國銀行存摺影本或存款帳戶證明文件。 5. 授權書及被授權人身份證影本、印章。	（有授權情事者需另加附授權書。）

客戶種類	開戶條件	開戶檢附資料	備註
境外華僑及外國人	1.年滿二十歲。 2.設籍於中國大陸以外地區。	1.證交所即製發「境外華僑及外國人完成登記證明」。 2.指定國內代理人辦理國內期貨交易開戶、簽訂風險。預告書及受託契約書之授權書。 3.國內代理人之身份證或居留證影本、印鑑。 4.指定辦理期貨投資之交易確認、繳納原始保證金、補繳追繳保證金暨資料申報事宜之保管銀行契約書副本。 5.銀行存摺或存款帳戶證明文件	

變更密碼

一、進入華南期貨的首頁 Http://ft.entrust.com.tw

二、進入新手 GO 專區

三、在經過 Step2 電腦檢測完成之後如無問題請進入 Step3
　　密碼變更

四、選擇以期貨密碼登入後輸入身份証字號和開戶時給的密
　　碼條中的初始電子交易密碼。

五、進行密碼變更

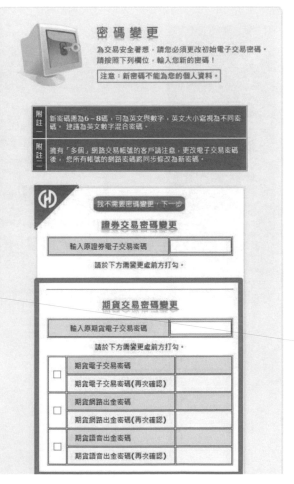

憑証申請

　　第一次完成「密碼變更」的人最好在第一時間完成「憑證申請」和「憑證備份」，在從事期貨業的許多年中我看過太多次投資人因為沒有完成「憑證申請」或是完成「憑證申請」卻因為沒有將憑證備份在其他地方，之後電腦因為系統問題重灌而必須重新申請密碼條進行憑證申請的程序，而大多數這樣的情況都是發生在投資人突然急著下單的時候……，投資人才匆匆忙忙的跑到期貨公司重新申請密碼條做憑證申請……行情都不知跑到那裡了……，無論如何請記得在第一時間完成憑證申請和備份的程序。

入金

　　所謂入金是指「客戶將錢存入到期貨公司的客戶保證金專戶」

　　華南期貨在以下四家銀行設有客戶保證金專戶，投資人可自由選擇對自己最便利的帳戶來入金：

銀行名稱	保證金入金帳號
華南銀行民生分行	96600+投資人的期貨帳號（七碼）
國泰世華銀行南京東路分行	9393+投資人的期貨帳號（七碼）
中國信託銀行市府分行	98918+投資人的期貨帳號（七碼）
台企東台北分行	9900140+投資人的期貨帳號（七碼）

　　戶名：華南期貨股份有限公司客戶保證金專戶

出入金的 Q&A

Q：什麼是「約定入金銀行帳戶」？

A：意思就是，投資人（期貨帳戶所有人）必須先指定「約定入金銀行帳戶」，此後當投資人要入金時，就必須從投資人指定的「約定入金銀行帳戶」來將入金的款項匯入期貨公司的「期貨保證金專戶」。從非約定帳戶匯入的入金款項，將被退回匯款人帳戶。這麼做的原因，是為了確保客戶的保證金專戶只有客戶本人可以匯錢進來；以避免客戶保證金專戶被使用在詐騙、洗錢等非法用途。

Q：什麼是「出金指定銀行帳戶」？

A：所謂出金是指「客戶將存在保證金專戶的錢提領出來」，是期貨公司要匯給客戶的。所以投資人在開戶時必須指定一個本人的「出金指定銀行帳戶」，以後當投資人要出金時，期貨公司就會將錢匯入這個「出金指定銀行帳戶」。

下第一筆交易

　　當完成開戶、密碼變更、憑證申請與憑證匯入電腦的程序之後，建議投資人盡可能的在開戶完成的一週以內完成入金，然後下第一筆交易，以確保所有的程序都是沒有問題的。也借由下第一筆交易的行動，傳達出「我已經完成密碼變更、憑證申請、入金的過程了」讓你的業務員知道，他可以進行接下來的客戶服務了，不論是軟體的介紹、或是操作技術的指導……。

　　歡迎並恭喜您進入交易的世界，請務必記住：交易新手第一件該做的事，是學習如何交易，不是賺錢。一但您學會交易，錢自然就會接踵而至。

　　現在開始，你的目標有兩個：賺錢和學習。不管贏或輸，你都必須從每一筆交易學到知識，明天才會成為更好的交易人。

■http://期貨手續費優惠.net
■華南期貨
■期貨與選擇權數位學習網
■臺灣期貨交易所網頁
■公開資訊觀測站

《灰體字部分請見全文本》

13
期貨選擇權推薦網站

Http://期貨手續費優惠.net

網址：Http://期貨手續費優惠.net

（是中文網址，投資人在網址欄直接轉入中文就可以找到。）

　　分成線上客服、投資名人堂、期貨教學、股票期貨教學、選擇
權教學等部分。

　　欲開戶與需要研究報告的投資人可在首頁的欄框裡填寫申請
書。

　　用手機查詢「Http://期貨手續費優惠.net」也可以。

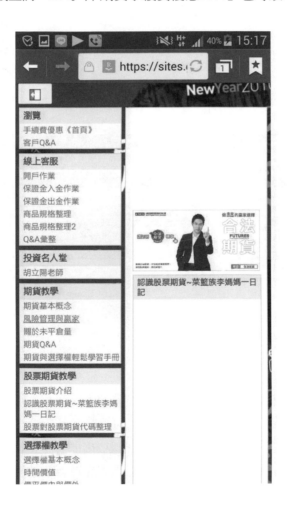

華南期貨

網址：Http://ft.entrust.com.tw

業務簡介

　　為專業期貨經紀商，以期貨經紀業務為主，為客戶提供各種期貨投資理財服務，以協助客戶作商品的選擇與資金的管理　。並培訓各種專業人才、整合各項業務資源，以高度的專業提供客戶整體性的服務。目前的業務為全球期貨商品之委託買賣及諮詢服務。

作者簡介

林保全

2005 年畢業於北京大學光華管理學院金融學研究所

國立中央大學企業管理學系、資訊管理學系雙學士

華南期貨股份有限公司業務經理

社團法人台北市長春國際青年商會 2012 年會長

北京大學台灣校友總會創會理事

手機：0987-828-080

E-mail：linbaoquan@gmail.com

Http://期貨手續費優惠.net

國家圖書館出版品預行編目資料

股票期貨好賺錢（選讀本）／林保全著. —初
版. —臺中市：白象文化，2017.04
　　面： 公分. ——
ISBN 978-986-358-479-7 （平裝）
1. 股票投資 2. 期貨交易 3. 投資分析
563.53　　　　　　　　　　106002949

股票期貨好賺錢（選讀本）

作　　者　林保全
校　　對　林保全
專案主編　林孟侃
出版經紀　徐錦淳、林榮威、吳適意、林孟侃、陳逸儒、蔡晴如
設計創意　張禮南、何佳誼
經銷推廣　李莉吟、莊博亞、劉育姍、李如玉
營運管理　張輝潭、林金郎、黃姿虹、黃麗穎、曾千熏
發 行 人　張輝潭
出版發行　白象文化事業有限公司
　　　　　402台中市南區美村路二段392號
　　　　　出版、購書專線：（04）2265-2939
　　　　　傳真：（04）2265-1171
印　　刷　普羅文化股份有限公司
初版一刷　2017 年 4 月
定　　價　250 元

白象文化
www·ElephantWhite·com·tw
印書小舖 PressStore 出版事紀
出版 · 經銷 · 宣傳 · 設計
自費出版的領導者
購書 白象文化生活館